SPARKA

WENDE-TAGE-BUCH

Ein Tagebuch von der Wende bis zur Einheit

Mit Fotos und Texten von Martin Naumann

WENDE-TAGE-BUCH

Militzke Verlag

Dem Buch liegen Tagebuchaufzeichnungen und Fotos zugrunde, die unmittelbar in den Tagen der Wende entstanden sind.

Später hinzugefügte Texte, die den chronologischen Ablauf ergänzen, sind grau gedruckt.

Satz und Layout: Dietmar Senf

ISBN 3-86189-114-X

VORWORT

Als ich am 9. Oktober 1989 die erste große Leipziger Montagsdemonstration erlebte, spürte ich, daß sich hier etwas völlig Neues den Weg bahnte. Ich war tief erregt und fühlte mich als Fotoreporter herausgefordert, alles im Bild festzuhalten. Die Kamera allein genügte mir hier nicht, denn vieles ließ sich nicht mit Fotos dokumentieren. Und so saß ich oft bis tief in die Nacht hinein über meinem Tagebuch. Wo hatte es das schon einmal gegeben, eine friedliche Revolution, bei der Kerzen die Waffen waren und das Volk nach Feierabend auf die Straße ging!

Wie viele andere Bürger der DDR handelte ich aus starkem innerem Antrieb, ohne Auftrag, den ich von meiner Redaktion auch nicht erhalten hätte. Ich nahm nun an jeder Montagsdemonstration teil und sah überrascht viele neue Formen, in denen die selbstbewußt gewordenen Menschen ihren politischen Willen ausdrückten. Das zeigte sich in den Sonntagsdisputen und Abendveranstaltungen und fand auch seinen Platz auf der Dialogsäule, welche die Leitung des Gewandhauses mitten auf dem Karl-Marx-Platz, dem heutigen Augustusplatz, hatte aufstellen lassen. Dort wurde sie sofort zu einem ständig umlagerten Informationsvermittler in der aufgewühlten Stadt.

Als Fotoreporter der Leipziger Volkszeitung [LVZ], damals Organ der Bezirksleitung der SED, hatte ich bis dahin treu und brav, wenn auch nicht völlig widerspruchslos, alles fotografiert, was mein Auftraggeber im Bild festgehalten

Martin Naumann während der Kundgebung des Neuen Forum am 18. November 1989. Foto: Armin Kühne

wissen wollte: die heile Welt des Sozialismus, Erfolge, Planerfüllung, Heldenverehrung. Kein Foto durfte etwas sichtbar machen, das als Kritik aufgefaßt werden konnte. Das ging mit der Zeit an die Nerven und mein Frust nahm zu. Wie lange war das noch auszuhalten? Ja, wie lange sollten die Bürger der DDR das noch aushalten, die, das wußte ich genau, in ihren Arbeits- und Lebensbereichen ähnliche Erfahrungen gemacht hatten. Sicher, nicht alles, was in 40 Jahren geschaffen worden war, mußte man verwerfen, manches hatte man sogar liebgewonnen. Aber eine Diktatur, die jeden Schritt vorschrieb, kontrollierte und dabei ihre Machtmittel einsetzte, mußte letztendlich scheitern. Was zuallererst fehlte, war Demokratie. Und diese wurde von einer kleinen Gruppe Oppositioneller immer offener eingefordert, bis der Funke am 9. Oktober 1989 in Leipzig übersprang und in der Folge Hunderttausende im ganzen Land auf die Straße trieb.

Inzwischen sind seit den historischen Tagen bald zehn Jahre vergangen. Unser Leben hat sich grundlegend geändert. Es lohnt, sich diese bewegende Zeit erneut ins Gedächtnis zu rufen. Mögen die Fotodokumente sowie die unveränderten Auszüge aus meinem Tagebuch dazu anregen.

Vorzeichen. Die Wende war kein Blitz aus heiterem Himmel, wenn es auch manchem so erschien. Es gab vorher verschiedene oppositionelle Aktivitäten, deren Ziel in der Regel nicht darin bestand, die DDR zu beseitigen, sondern sie menschlicher zu gestalten. Die nach dem Aufruf der Evangelischen Kirchen in der DDR: »Frieden schaffen ohne Waffen« 1980 entstandenen Leipziger Friedensgebete zum Beispiel zählten zu diesen Bemühungen. In unterschiedlicher Form wurden sie fortgeführt, bis sie ihren Platz jeweils montags fanden.

1980. Gründung des unabhängigen polnischen Gewerkschaftsverbandes Solidarność mit 10 Millionen Mitgliedern.

1985 wurde M. S. Gorbatschow Generalsekretär des ZK der KPdSU und leitete die Perestroika ein.

Die SED verfolgte diesen Prozeß voller Mißtrauen und behauptete, wir hätten unsere Perestroika bereits. Und im kleinen Kreis sagte der 1. Sekretär der SED-Bezirksleitung Leipzig, Horst Schumann: »Ja, aus dem Lehrling ist der Meister geworden.« Auch Größenwahn kommt vor dem Fall.

Am **11. September 1987** wurden beim Olof-Palme-Friedensmarsch in Torgau Spruchbänder gezeigt, die sich gegen Kriegsspielzeug richteten und die Einführung des Zivildienstes forderten. Angesichts der ausländischen Ehrengäste war eine direkte Gewaltanwendung gegen die Demonstranten nicht möglich. So wurde versucht, diese Sprüche durch offizielle Losungen zu verdecken. Im Gegensatz zu den Friedensgebeten der Kirche war dieser Marsch von der SED organisiert und richtete sich gegen die Atomrüstung des Westens. Gegen diese einseitige Darstellung wandten sich mutige Bürger mit ihren Forderungen.

Olof-Palme-Friedensmarsch am 11. September 1987 in Torgau

weltweite Koalition der Vernunft
gegen ein atomares Inferno !
Militarisierung
raums - für die
gung des Wettrüstens
der Erde !
FRAUEN FÜR FRIEDEN LEIPZIG
Rüstung
auch
Gitarren STATT Knarren
eten !
Wir fordern Soziolen Friedensdienst
SPIELEND TÖTEN
LASS'S NICHT ZU

Am **13. September 1987** waren auf der Kundgebung zum Tag der Opfer des Faschismus auf dem Leipziger Karl-Marx-Platz für wenige Minuten ähnliche Spruchbänder zu sehen; zwei Minuten Zeit zum Fotografieren.

Was wurde aus den Leuten, die den Mut hatten, öffentlich für Veränderungen einzutreten, die vorwegnahmen, was zwei Jahre später den Platz jeden Montag prägen sollte? Das erfuhr ich erst nach der Wende:

Die Eheleute Engelhardt, die das Plakat »Weg mit dem Kriegsspielzeug« getragen hatten, reisten aus der DDR aus, ebenso Michael Thoß und Ralf Pröhofer, welche die Einführung des Zivildienstes gefordert hatten. Der Fünfte im Bunde, Tobias Frenzel, flüchtete noch Anfang September 1989 in die Bundesrepublik.

17. Januar 1988. Rosa-Luxemburg-Gedenkfeier in Ost-Berlin, bei der Gegendemonstranten unter der Losung »Freiheit ist immer die Freiheit des Andersdenkenden« auftreten wollten. Anschließend Verhaftungen und Abschiebungen.

1988 zeichnete sich der politische und wirtschaftliche Bankrott der DDR immer deutlicher ab, ohne daß ein Änderungswille erkennbar war. Daraufhin schrieb ich am 31. Dezember an den von mir verehrten Professor Kuczynski (Wirtschaftshistoriker) einen fünf Seiten langen Brief, in dem ich die ganze Misere von den Privilegien bis hin zur überzogenen Selbstdarstellung in der DDR auflistete. Ich tat dies, weil ich wußte, daß Kuczynski jederzeit Zutritt zu Honecker hatte, und hoffte, daß er dort vielleicht etwas bewirken könnte. Kuczynski antwortete sofort; in seinem Schreiben verteidigte er im wesentlichen das System, schränkte allerdings ein, daß er mit Honecker auch nicht immer einer Meinung sei. Sicher ist mein Brief nicht nur von Kuczynski gelesen worden. Es passierte aber nichts.

7. Mai 1989. Kommunalwahlen in der DDR. Nach der Auszählung gab es Bürgerproteste wegen erwiesener Wahlfälschung.

OdF-Kundgebung am 13. September 1987 in Leipzig

AUS DEM TAGEBUCH

4. September 1989. Messe, Friedensgebet in der Nikolaikirche. Nach Verlassen der Kirche führen die Teilnehmer Spruchbänder mit sich, auf denen sie Reisefreiheit fordern und eine Veränderung der Gesellschaft anmahnen. Die Staatssicherheit reißt die Transparente herunter.

7. September. Drei Tage braucht die LVZ, um sich nach Abstimmung mit der SED-Bezirksleitung einen Kommentar zu dem Ereignis vom 4. September abzuringen: »Die LVZ ist nicht eingeladen gewesen, wohl aber das Westfernsehen ...« Ein Witz, und wenn sie eingeladen gewesen wäre? Hätte sie das etwa veröffentlichen dürfen?

10. September. Ungarn öffnet seine Grenze nach Österreich. Massenausreise von etwa 10 000 DDR-Bürgern.

11. September. Friedensgebet in der Nikolaikirche. Anschließend der Versuch einer Demonstration.

12. September. 11-Zeilen-Meldung auf der Lokalseite der LVZ: »... versammelten sich in der Leipziger Innenstadt mehrere Personengruppen zu einer rechtswidrigen Zusammenrottung.« So ein Blödsinn, als ob es auch eine »rechtmäßige Zusammenrottung« geben könne! Da die Redakteure alles intelligente Leute sind, läßt das nur den Schluß zu, daß sie den Text, so wie sie ihn vorgesetzt bekamen, mit einer gewissen Schadenfreude veröffentlichten. Aber, das würde niemand zugeben.

Aktivtagung zur Eröffnung des Parteilehrjahres mit Hackenberg [2. Sekretär der SED-Bezirksleitung]. Er geht, und hier muß ich mich wirklich wundern, auf die Ausreise der DDR-Jugend über die ungarische Grenze ein. Das ist ungewöhnlich, denn bisher wurden Themen, die nicht ins sozialistische Weltbild passen, nie öffentlich erwähnt, höchstens mit wenigen Kernsätzen »zerschmettert«. Er stellt die beinahe konterrevolutionäre Frage: »Haben wir etwas falsch gemacht?« Der Saal hält den Atem an – aber es darf weitergeatmet werden, er beantwortet diese Frage nicht.

26. September. Es hat inzwischen weitere Demonstrationen nach den Friedensgebeten gegeben. In der LVZ ist nun von »ungesetzlichen Zusammenrottungen« die Rede.

27. September. Politbüromitglied Joachim Herrmann kommt in die Wollkämmerei, um ein Ehrenbanner des ZK für gute Arbeit zu überreichen. Nach dem feierlichen Akt gibt er im kleinen Kreis einige Weisheiten zum besten: Der Zustand unserer Straßen wäre deshalb so schlecht, weil der Parteitag ein Wohnungsbauprogramm und kein Straßenbauprogramm beschlossen hätte. Herrmann geht dann auf den Gesundheitszustand von Erich Honecker ein: Üble Verleumdung, daß er mit Hilfe von drei Spritzen in die Lage versetzt werde, ausländische Botschafter zu empfangen. »Über Erich Honecker werden sich die Gegner noch wundern«, überhaupt das Politbüro, es sei nicht verkalkt und habe alles fest im Griff.

Im Eingang zum Klubhaus der Bauarbeiter
am 29. September 1989

Festveranstaltung zum 40. Jahrestag der DDR
im Opernhaus

30. September. Rund 6 000 in die Prager Botschaft geflüchtete DDR-Bürger reisen in die Bundesrepublik Deutschland aus.

2. Oktober. Abends Besuch im Kabarett »Die Dusterschützen«. Programm: »Jahrgang 49«. Gemeint sind die 40 Jahre DDR. Eine Reisegruppe nimmt an einer Weinverkostung teil. »Halt, ihr seid der Führung schon weit voraus«, werden Eilige zurückgerufen. Eine Lehrerin für Staatsbürgerkunde versteht die gegenwärtige Lage nicht: »Wie soll ich das meinen Schülern erklären?« Erst nach einigen Gläsern ist ihr wohler. Ein 61er Mauerriesling wird gekostet; aber als man eine Flasche 49er aufmacht, ist sein Geist verflogen.

3. Oktober. Die Fenster der Nikolaikirche sind mit Blumen geschmückt, das ist ein Ausdruck des Protestes, der auch auf den Schrifttafeln deutlich wird.

Die zufälligen Passanten verharren plötzlich im Schritt, sehen sich verstohlen um und lesen die Schriften, darunter auch eine Liste mit Namen von Inhaftierten der letzten Polizeiaktionen, von Frauen und Männern. Ist nicht schon das Lesen strafbar? Umsomehr wohl das Fotografieren. Obwohl ich mich beobachtet fühle, drücke ich auf den Auslöser, mit zugegeben mulmigem Gefühl, denn hinter den Fenstern mit den Einheitsgardinen im Neubau Ritterstraße soll die »Firma« sitzen. Ich zweifle nicht daran.

4. Oktober. Festveranstaltung im Leipziger Opernhaus zum 40. Jahrestag der DDR. Hackenberg hält die Festrede. Er würdigt die in der Nationalen Front zusammengeschlossenen Parteien als treue Freunde und Verbündete. Die Schuld an der gegenwärtigen Lage, so sagt er, tragen jedoch die ewig Gestrigen in der BRD.

6. Oktober. In der LVZ wird ein Brief des Kampfgruppenkommandeurs Günter Lutz veröffentlicht: »... wir sind bereit ... diese konterrevolutionären Aktionen endgültig und wirksam zu unterbinden. Wenn es sein muß, mit der Waffe in der Hand.« Da hatte sogar der Chefredakteur Bedenken, diesen Text ins Blatt zu rücken, aber er wurde von den Orthodoxen überstimmt. Ich frage mich, ob sie gegebenenfalls auch die Verantwortung dafür übernehmen werden? [Das blieb später dem Chefredakteur vorbehalten.] Hinter vorgehaltener Hand heißt es aber, der Kampfgruppenkommandeur habe diese Worte zu einem anderen Zeitpunkt und in einem anderen Zusammenhang gesagt.

Protest im Fenster der Nikolaikirche am 3. Oktober 1989. Der Text links lautet vollständig: IN DEN ZEITUNGEN DIESES LANDES STEHT: „Hier herrscht FREIHEIT." DAS IST IMMER IRRTUM ODER LÜGE: FREIHEIT HERRSCHT NICHT.

7. Oktober. 40. Jahrestag der DDR. Ich fotografiere verschiedene Kranzniederlegungen: 9 Uhr am Antifaschistischen Ehrenhain auf dem Südfriedhof. 10 Uhr Ostfriedhof, am sowjetischen Ehrenmal, anschließend am polnischen Ehrenmal.

Ich fahre dann zur Merseburger Straße, Einweihung einer Fußgängerzone, neugestrichene Fassaden, steinerne Blumenkästen. Ein Bierwagen, 50 Pfennig das Glas. Junge Leute bieten mir ein Bier an und sagen: »Reporter, sieh dir mal die Rückseiten an, nichts gemacht.« Der Sekretär des Rates des Stadtbezirkes Leipzig-West steht an einem Fahnenständer und zählt fluchend die Fahnen: »Die klauen wie die Raben«, schimpft er. »Wenn sie die wenigstens aus ihren Fenstern hängen würden, nein, sie stecken sie an die öffentlichen Toiletten.« ...

Kranzniederlegungen am 7. Oktober 1989

Später fotografiere ich die Markttage in der Innenstadt, das übliche Treiben, Modenschau und auf der Bühne sogar Breaktänzer.

In der Petersstraße spielt die Lose Skiffle Gemeinschaft. Sie sagen an: »Wir spielen jetzt ein Lied für ein inhaftiertes Mitglied.« Nun, gestohlen wird das Mitglied nicht gerade haben. Das nehmen die Zuschauer auch nicht an und klatschen laut Beifall, nur die Herren in ihren leichten Mänteln, allesamt bewaffnet – mit Regenschirmen, sehen scheinbar gelangweilt in die Runde …

Straßenmusikanten und Lose Skiffle Gemeinschaft am 7. Oktober 1989

Gegen 15.15 Uhr komme ich in die Grimmaische Straße. In der Höhe der Löwenapotheke steht eine Menschenmasse, vorwiegend junge Leute, aber auch Familien mit Kindern. Ihnen gegenüber eine Polizeikette! Alle Zugänge zur Nikolaikirche sind abgesperrt. Wozu? Am staatlichen Feiertag ist die Kirche geschlossen! Die Polizei ist mit Schutzhelmen ausgerüstet, die Visiere und Nackenschutz haben. Vor sich tragen sie weiße Schutzschilder, eine regelrechte Aufforderung für Steinewerfer, die es aber nicht gibt, obwohl die Steine der nahen Wasserspiele ein wahres Munitionsdepot wären. Gummiknüppel baumeln. An der Nikolaikirche stehen ganz junge Bereitschaftspolizisten Auge in Auge mit den Demonstranten, die versuchen, mit ihnen zu reden: »Warum seid ihr hier?« Die Polizisten sind verlegen, und man sieht, daß sie Angst haben. Wer weiß, was man ihnen in der Politstunde gesagt hat. Die Hauptkräfte der Polizei aber sind in der Ritterstraße konzentriert.

Flüchtende Massen in der Ritterstraße am 7. Oktober 1989

Grimmaische Straße am 7. Oktober 1989

Auf einmal kommt Bewegung in die Massen, sie laufen in wilder Flucht davon, denn aus der Ritterstraße dringt die Polizei in die Grimmaische Straße vor und bildet eine Kette in Richtung Altes Rathaus. Dabei trommeln die Polizisten mit ihren Gummiknüppeln auf die Schilder, man könnte an antike Szenen oder Gorillas im Urwald denken. Dazu passen auch die riesigen Polizeihunde. Unter Schlagstockeinsatz prügelt sich die Polizei einige Meter weit vor. Eine Frau fällt und wird verletzt. Unter Protestrufen der Masse zieht sich die Polizei wieder zurück. Es bilden sich laute Sprechchöre: »Schämt euch was!«, und »Geht nach Hause!« Dann immer wieder der Ruf: »Gorbi, Gorbi.« Wieder andere rufen: »Wir bleiben hier.« Es wird die Internationale gesungen, besonders textfest sind die Sänger nicht. Überall stehen diskutierende Gruppen, die den Polizeieinsatz verurteilen.

Wie soll ich hier fotografieren? Ich habe ein ganz blödes Gefühl im Bauch. Einen Auftrag habe ich nicht, es ist ganz allein meine Entscheidung. Falls man mich festnimmt, würde mich die Redaktion wieder raushauen? Oder würde sie sagen: »Tut uns leid, der Reporter hatte keinen Auftrag.« Aber es siegt wieder einmal die Frechheit. Ich steige auf eine Bank, so habe ich alles gut im Blick. Über die Konsequenzen bin ich mir im klaren; Prügel von beiden Seiten sind möglich. Die Polizei könnte denken, ich sei ein Agent, die Demonstranten hingegen, ich sei einer von der Stasi. Auf dem Dach der Universitäts-Buchhandlung dreht sich eine ferngesteuerte Videokamera, bestimmt sieht man mich jetzt auf einem Monitor im Einsatzstab. Auch einige Leute sehen mich mißtrauisch an, andere wieder warnen mich, ich solle vorsichtig sein, es wären schon Fotografen abgeführt worden.

Und wirklich, da wird ein älterer Mann regelrecht abgeschleppt, die Pentacon-Six-Kamera baumelt um seinen Hals. Er hatte den Fehler gemacht, heimlich fotografieren zu wollen.

Plötzlich stürmt die Polizei wieder vor und stellt sich quer in der Grimmaischen Straße auf. Die Menge läßt sich davon wenig beeindrucken, sie beschimpft und verlacht die Polizisten und ruft: »Geht nach Hause!« Ich aber stehe auf der Bank mitten drin. Da erhalte ich unverhofft Verstärkung durch meinen Kollegen Volkmar Heinz und habe nun Rückendeckung.

Grimmaische Straße am 7. Oktober 1989

Wieder werden einzelne Demonstranten abgeführt und auf die entfernt stehenden Lastwagen mehr geworfen denn geschoben, darunter ist auch ein ganz junges Mädchen. Ein Mann läuft direkt auf die Postenkette zu, wo er ergriffen und fachgerecht zusammengeschlagen wird. Es ist nah genug, und so fotografiere ich, aber vor lauter Angst vergesse ich die Schärfe einzustellen.

Zwischen den Attacken der Polizei bilden sich Diskussionsgruppen. Eine ältere Frau sagt zu einem der Polizisten, sie wäre Trümmerfrau gewesen, nach 1945. Sie hätte Steine abgeputzt, aus denen Neues gebaut worden wäre. Jetzt hätte sie Angst, daß diese Steine wieder herausgerissen würden. Ein Mann gibt sich als Reserveoffizier zu erkennen und meint, so eine Polizeiaktion würde er nicht mitmachen. Mehrmals höre ich, Honecker müßte vor die Fernsehkamera und klärende Worte an das DDR-Volk richten, Fehler zugeben und sagen, wie es weitergehen soll.

Wir eilen nun in die Redaktion der Leipziger Volkszeitung; doch so ohne weiteres kommt man heute nicht hinein. In der nach dem 17. Juni 1953 errichteten Mauer, einem Bollwerk gegen die Konterrevolution, bleibt das eiserne Tor geschlossen. Man muß anrufen, um vom Bereitschaftsdienst eingelassen zu werden.

In der Redaktion herrscht eine Art Bunkermentalität, die Kollegen sitzen fast im Dunkeln, damit der imaginäre Gegner glauben soll, die Redaktion wäre nicht besetzt. Ich muß berichten, betroffene Gesichter. Da ein Anruf von Jochen Pommert [Sekretär der SED-Bezirksleitung für Agitation und Propaganda], er will bis 22 Uhr alle Fotos haben. Er will staatsfeindliche Losungen sehen, Menschen, denen man das Asoziale schon von weitem ansieht. Er wird enttäuscht sein. Erst gegen Mitternacht komme ich nach Hause, wo ich sorgenvoll erwartet werde.

8. Oktober. Mittagssitzung der Redaktion. Der diensthabende Chef informiert über einen Brief des Politbüros an alle 1. Sekretäre in den Bezirken. Darin heißt es, die Gefahr würde unterschätzt. Die konterrevolutionären Umtriebe seien gut organisiert. In allen Betrieben sollten deshalb Versammlungen zur Lage durchgeführt werden. Die Genossen müßten sich überall an die Spitze stellen. Der Chef geht dann auf die Ereignisse des Vortages ein, auch darauf, daß niemand die Polizei unterstützt habe. Empört sagt er, den Polizeihunden sei sogar Kuchen vorgeworfen worden. Das ist nun wirklich eine Beleidigung für einen scharfen Polizeihund. Und entrüstet fügt er hinzu: »Die Randalierer hätten gerufen: ›Wir bleiben hier‹; auf diese Elemente können wir verzichten!« Er sagt dann vorwurfsvoll: »Fotos haben wir ja genügend, aber wir brauchen keine Polizistenfotos, sondern Fotos von der Fratze der Konterrevolution.« Morgen soll eine Seite kommen, die sich mit den Ereignissen befaßt, dazu natürlich keines unserer Bilder, sondern ein Foto »Schönes Leipzig«.

Die Stimmung in der Redaktion ist gedrückt. Während einer sagt: »Was ist aus unserer schönen Stadt geworden«, finden andere den Einsatz der Polizei unverhältnismäßig. Es müsse etwas geschehen, um die Lage zu entspannen, klärende Worte von oben, aber daran glaubt niemand. Die Redaktion erhielt einen Brief der Pfarrer des Kreises Borna gegen die Aussage des Kampfgruppenkommandeurs, notfalls mit Waffengewalt gegen die konterrevolutionären Umtriebe vorzugehen. Die LVZ will eine Kurzfassung des Briefes veröffentlichen, falls der Superintendent zustimmt. Er stimmt nicht zu.

9. Oktober. Eine knisternde Atmosphäre. Alles wartet auf das Friedensgebet. Seltsam, eigentlich werden Friedensgebete im Krieg gehalten oder um einen drohenden Krieg abzuwenden. Ein Friedensgebet im Frieden kann nur bedeuten, daß es dabei um den Frieden im Menschen geht, gegen die Unterdrückung des Geistes und der freien Meinungsäußerung.

Starke Sicherheitskräfte werden zusammengezogen. Die Bereitschaftspolizei wird durch Einheiten aus Halle verstärkt, dazu kommen einige Hundertschaften der Kampfgruppen. In Erwartung der Ereignisse sollen die Geschäfte bereits um 15 Uhr schließen. Es kreist das Gerücht, daß Gummigeschosse ausgegeben wurden. In den Krankenhäusern mußten Abteilungen freigemacht werden. Außerdem sollen auf dem agra-Gelände zwei Hallen geräumt worden sein, für die Festzunehmenden. Und einer der Orthodoxen in der LVZ sagt: »Heute wird die Konterrevolution ein für allemal zerschlagen.« Es ist Schlimmes zu befürchten!

Der Einsatz der Presse wird vorbereitet, sie darf erstmals offiziell berichten. Zwei kampferprobte Fernsehteams aus Berlin, die Erfahrung mit den Straßenschlachten in der BRD hätten, sollen alles festhalten. Das Leipziger Fernsehen soll auf einem Dach stationiert werden, es sollen Reporter von der Jungen Welt und von ADN kommen. Auch die Leipziger Presse hat einige akkreditierte Berichterstatter, Presseausweise werden ausgegeben. Es fehlt nur noch das Aufstellen von Tribünen, versuche ich einen makabren Scherz. Die Westpresse ist nicht zugelassen, auch ich bin nicht akkreditiert; wegen der »Polizistenfotos«? Immerhin, der Ausweis läßt sich vorzüglich duplizieren. Doch dann kommt mir der Gedanke, daß das Tragen dieses Ausweises wohl eher etwas für Selbstmörder sein könnte.

500 SED-Mitglieder werden zum Gebet in die Nikolaikirche abkommandiert, sie sollen den Gläubigen die Plätze wegnehmen und müssen deshalb schon 14 Uhr, also drei Stunden vorher, in der Kirche sein, weil sonst kein Platz mehr zu finden wäre. Da haben die Genossen wenigstens genügend Zeit, das Vaterunser zu üben. Nach Beendigung des Gottesdienstes sollen sie schnell die Kirche verlassen, damit die Polizei freie Bahn habe. Freie Bahn wofür? Aber das war eine gräßliche Fehlplanung, denn angesichts Tausender um die Kirche herum ist nach dem Friedensgebet kein »Entkommen« für sie möglich.

Vorher aber fahre ich noch zur 105. Oberschule nach Paunsdorf, die heute den Namen »Theodor Körner« bekommt. Es sind auch einige »Lützower« von der Arbeitsgemeinschaft 1813 dabei. Aus einer kleinen Kanone schießen sie drei Kartuschen ab, ein Höllenlärm; soll das ein böses Omen sein?

Dann gehe ich in die Innenstadt und nehme nur die notwendigste Kameratechnik mit, die ich zur Tarnung in einen Einkaufsbeutel stecke. Mit mir bewegt sich ein unübersehbarer Strom von Menschen, junge Leute zumeist, zu zweit oder dritt laufen sie in Richtung Innenstadt. Ich sehe mir ganz bewußt die Gesichter an. Zeigt sich da Angst? Aber es sind nur erwartungsvolle Gesichter, eine Art Aufbruchstimmung an einem Tag, der tragisch enden könnte.

Ich komme in den Neumarkt, er scheint gesperrt. Eine lange Kolonne von Mannschaftswagen steht dort. Hundegebell dringt aus den Fahrzeugen. Aber es ist kein Polizist zu sehen. Ungehindert komme ich in die Grimmaische Straße, die schwarz von Menschen ist. Auf allen erhöhten Standpunkten, Bänken, Mauereinfassungen, stehen sie, und zu meiner Überraschung zeigt sich auch hier nirgends Polizei. Und die Läden, die eigentlich schon geschlossen sein sollten, haben geöffnet, aber es hat niemand Lust einzukaufen. Es fällt schwer zu glauben, daß hier die Vernunft gesiegt haben sollte.

Um die Nikolaikirche stehen einige tausend Menschen dicht an dicht. Das Licht aus den Kirchenfenstern leuchtet in die Dunkelheit, wird es auch die Dunkelheit in den Köpfen erhellen? Es ertönen Rufe, Sprechchöre. Auch hier ist keine Polizei zu sehen. Mitten im Gewühl treffe ich einen Kollegen vom Rundfunk. »Hallo!« Ich wundere mich, daß er ein goldenes Messeabzeichen trägt: »Nanu, die Messe ist doch längst vorbei?« frage ich ihn. Er antwortet: »Erkennungszeichen für die ›Firma‹.« Ich habe kein Messeabzeichen, nur einen gefälschten Ausweis, den ich in den Tiefen meiner Jacke versteckt halte.

In der Goethestraße gehe ich zu den Fahrzeugen der Kampfgruppen. Im Gegensatz zur Polizei stehen die Kämpfer vor ihren Fahrzeugen, sie sind nicht zu beneiden. Nach einem Arbeitstag, an dem sie die gleichen Probleme hatten wie die, die jetzt demonstrieren, wissen sie nicht, woran sie sind. Würden sie auf ihre Arbeitskollegen schießen? Ich glaube nicht.

Es kommt zu Diskussionen. Ein Jugendlicher will ausfällig werden, wird aber von Gleichaltrigen zurückgehalten: »Du weißt doch, was wir besprochen haben.« Es werden Flugblätter herumgereicht mit den Forderungen des Neuen Forum nach Öffnung, mehr Demokratie und der Aufforderung zu Ruhe und Besonnenheit, keine Gewalt.

Der Karl-Marx-Platz ist voller Menschen. Da ertönt das Pausenzeichen des Stadtfunks. Die Leute rücken enger an die Lautsprechersäulen heran. Es folgt eine schlechte Übertragung, die nur zum Teil zu verstehen ist, nur soviel, daß sich sechs Leipziger Persönlichkeiten für einen freien Meinungsaustausch einsetzen und dafür, daß dieser Dialog nicht nur im Bezirk Leipzig, sondern auch mit der Regierung geführt wird. Auf die Worte: »Es sprach Kurt Masur«, bricht tosender Beifall aus, und überall zeigt sich Hoffnung, Hoffnung, daß dieser Tag ohne Gewalt enden wird, Hoffnung, daß ein neuer Anfang in Sicht ist.

Nunmehr suche ich am Universitätsgebäude einen etwas erhöhten Platz. Es ist 18.15 Uhr, ich fotografiere, und es nimmt kaum jemand Notiz davon. Die Automatik zeigt zwei Sekunden an; ich drücke die Kamera fest an einen Pfeiler. Mir drängt sich ein Vergleich auf: Als ich vor vier Wochen am 10. September zum Tag der Opfer des Faschismus die Kundgebung auf diesem Platz fotografierte, waren es nicht so viele Menschen. In der Zeitung stand dann 100 000. Jene Teilnehmer, zumeist SED-Mitglieder oder Leute, die gesehen werden wollten, standen in Gruppen herum, hörten den Rednern nicht zu, sondern unterhielten sich über Urlaub, Kinder, Garten, vielleicht auch über die Fluchtwelle, aber keinesfalls darüber, wie dieser Staat zu verbessern sei. Jetzt aber, auf dieser »größten Zusammenrottung aller Zeiten«, wie ein Demonstrant bissig sagt, reden die Menschen nur über diesen Staat, darüber, was verändert werden muß: Wirkliche Demokratie und keine Gängelei, keine Lügen und verlogene Selbstdarstellung; und keiner schimpft! Eine Frau fragt mich, für wen ich fotografiere. Soll ich mich verstecken und antworten, es sei mein Hobby? Nein, ich sage, daß ich Bildreporter der LVZ bin. Ungläubiges Erstaunen: Was? – Die LVZ fotografiert hier, sehen wir dann morgen auch die Bilder? fragt die Frau spöttisch. Nun, da muß ich zugeben, daß davon wahrscheinlich nichts veröffentlicht wird, vorerst, sage ich.

Inzwischen ist es kurz nach halb sieben, da kommt große Bewegung in die Menge. Ein lebender Strom schiebt sich durch die Massen in Richtung Karl-Marx-Platz. Mit brennenden Kerzen sind die Menschen aus der Kirche gekommen und führen nun den sich formierenden Demonstrationszug an. Es ist kein Transparent zu sehen. Dafür schwillt ein Ruf gewaltig an: »Wir sind das Volk.« Es ertönen Sprechchöre: »Liberty« und »Neues Forum zulassen« und natürlich »Gorbi, Gorbi«, der zu einer neuen Hoffnungsfigur geworden ist, ähnlich wie Christus oder Barbarossa. Lautstark fordern die Demonstranten: »Schließt euch an! Schließt euch an!« Von beiden Seiten des Platzes strömen die Massen hinzu, verschmelzen mit dem Zug, der in Richtung Georgiring schwenkt.

Auf dem Karl-Marx-Platz am 9. Oktober 1989

Spitze des Demonstrationszuges vor dem Hauptbahnhof am 9. Oktober 1989

Ich erreiche vor der Spitze des Demonstrationszuges den Hauptbahnhof. Dort, wo vor einer Woche die Demonstranten auseinandergeknüppelt wurden, liegt Spannung über der Szene. Da kommen sie, an der Spitze junge Leute mit ernsten Gesichtern, sie haben sich untergehakt. Doch diesmal ist keine Polizei zu sehen. Ein Mann kommt auf mich zu: »Für wen fotografieren Sie?« Jetzt antworte ich vorsichtig: »Für mein Archiv.« Er sagt, man müsse dafür sorgen, daß die Fotos an die richtige Stelle kämen. Doch was ist die richtige Stelle? Für mich sind es die Zeitungen der Stadt.

Nunmehr aber eile ich zur Fußgängerbrücke am Friedrich-Engels-Platz und fotografiere den Zug von der Treppe aus. Überwältigend – die Demonstranten nehmen die gesamte Breite der sieben Fahrspuren und der Straßenbahngleise ein. Diese Menschenflut reicht bis zum Hauptbahnhof und weiter. Einer der Demonstranten winkt mir zu und ruft, ich solle mich anschließen. »Geht nicht«, rufe ich zurück, »ich muß fotografieren.« Auf dem Platz aber genügen zwei Polizisten, um Demonstranten und Fahrzeuge auseinanderzuhalten.

Wieder eile ich dem Zug voraus bis zum Gebäude der Staatssicherheit am Dittrichring. Hier muß es sich entscheiden, keine Gewalt oder? Ich habe ein ganz schlechtes Gefühl. Der Zug stockt auch, die gellenden Rufe müssen durch die Mauern dringen, dabei werden die Namen von Inhaftierten gerufen. Aber die Wachposten sind längst abgezogen, und Führungskräfte des Neuen Forum und Vertreter der Kirche haben die Stufen zum Gebäude besetzt. Jetzt ertönen sogar Sprechchöre: »Schützt die Polizei« und später: »Polizei, schließt euch an.«

Ich eile weiter voraus, an der Kreuzung Karl-Tauchnitz-Brücke fließt noch der Verkehr. Als die Demonstranten auf den Platz strömen, verläßt der Verkehrsregler die Kreuzung, einige Autos bleiben hilflos in der Menge stecken.

In der Redaktion tagt der »Krisenstab«. Ich muß berichten. Der Chefredakteur, eigentlich im Urlaub, kommt hinzu, und ich sage ihm: »100 000 Menschen, mindestens, laufen da herum und fordern Demokratie. Das ist die Quittung für eine verfehlte Politik, und die Leute werden am nächsten Tag ihre Zeitung aufschlagen, und sie werden uns daran messen, was wir schreiben.« Eigentlich habe ich nichts in der Redaktion zu suchen, aber ich entwickle die Filme und vergrößere, es sind beeindruckende Bilddokumente darunter, doch es wird keines in der Zeitung erscheinen. Der Redakteur D. A. eilt wütend über den Korridor: »Ganze 15 Zeilen ist uns das wert.« Und hier kommt mir ein ganz fataler Gedanke: Wofür sind Presseausweise ausgegeben worden? Um über eine friedliche Demonstration zu berichten? Oder über eine Eskalation der Gewalt? Der friedliche Ausgang ist also 15 Zeilen wert, wieviel wären es gewesen, wenn Blut geflossen wäre? Müßten nicht die dicken Überschriften der Vernunft und Besonnenheit vorbehalten sein und nicht der Gewalt? Fragen, auf die es keine Antwort gibt.

9. Oktober 1989: Fußgängerbrücke am Friedrich-Engels-Platz

70 000 Leipziger auf dem Ring am 9. Oktober 1989

10. Oktober. Tatsächlich erscheinen nur 15 Zeilen zu einem Weltereignis, und das natürlich versteckt auf Seite 2, und aus den 100 000 sind »einige Tausend« geworden. Dafür trägt die Seite 3 der LVZ die dicke Überschrift: »Bürger aller Klassen und Schichten empört über die Störenfriede am Jahrestag«. In der Redaktion wird gesagt, daß die ARD das Interview mit Kurt Masur verfälscht habe. Die Antwort auf die Frage, was er empfinde, wenn die Polizei so hart gegen die Demonstranten vorgehe, lautete dort: »Ich schäme mich.« Der Satz wäre jedoch noch weiter gegangen, aber abgeschnitten worden. Als Masur dies zu Ohren kam, soll er gesagt haben: »Die Fälscher sitzen im eigenen Land.« Darauf deutet auch die Veröffentlichung in der heutigen LVZ mit der Willenserklärung der Mitarbeiter des Neuen Gewandhauses hin: »Wir bekennen uns ausdrücklich zu jedem der Worte, die unser Chef, Prof. Kurt Masur, am Abend des 2. Oktober in einem ARD-Interview gesprochen hat.«

Es geht das Gerücht um, daß sich vor dem geplanten Polizeieinsatz am 9. Oktober Hackenberg mit Egon Krenz verständigt habe, und beide hätten beschlossen, »an Honecker vorbei« die Polizeikräfte nicht einsetzen zu lassen. Inzwischen kenne ich auch den Text der Erklärung der sechs Leipziger Persönlichkeiten, obwohl er nicht in der LVZ erschienen ist, er wurde in letzter Minute zurückgezogen. Angeblich wollten das zwei der Unterzeichner nicht, immerhin sind drei Sekretäre der SED-Bezirksleitung darunter. Und dennoch wurde der Text veröffentlicht, in der »Union«, dem Blatt der CDU. Das aber war keine Heldentat der Redakteure, sondern die Zeitung war durch den frühen Andruck bereits durch die Rotationsmaschine gelaufen. Es wird erzählt, Honecker habe dazu gesagt: »Jetzt sitzt die Konterrevolution schon in der Bezirksleitung Leipzig.« [Später allerdings sagt er in dem Buch »Der Sturz« etwas ganz anderes, nämlich, er habe Egon Krenz angewiesen, die Leipziger Genossen für ihren Einsatz zu belobigen.]

11. Oktober. Die DDR hat in vier Wochen 45 000 zumeist junge Leute verloren.

In der Presse zeigt sich ein eigenartiges Gefälle bei der Berichterstattung, das reicht von eisern-orthodox im »Neuen Deutschland« bis hin zu der Feststellung im »Sächsischen Tageblatt«, daß die Entwicklung außer Kontrolle geraten sei und wohin es führe, wenn es einer Gesellschaft verwehrt werde, sich mit ihrer eigenen Realität auseinanderzusetzen.

13. Oktober. In der Redaktion läuft ein Parteiausschlußverfahren. J. R., ein überaus sympathischer junger Redakteur, mit dem ich noch vor einer Woche durch den Wald gejoggt bin, hat am Wochenende die DDR über Ungarn verlassen. Vorwurfsvoll heißt es, er habe sogar Frau und Kind mit in eine ungewisse Zukunft genommen. Ja, wenn nicht, wie würde man dann über ihn reden? Das Ritual wird bis zur letzten Stunde ausgereizt – er wird aus dem Paradies verstoßen.

Dann geht es um das Programm des Neuen Forum, das keiner kennt. »Warum veröffentlichen wir das nicht?« wird gefragt. »Wir stellen doch unser Blatt nicht für diese Elemente zur Verfügung«, ist die Antwort. Es gibt Proteste. Heftig wird über die Auslassungen zur Medienpolitik gestritten. Nachdem die Presse jahrzehntelang von der Bezirksleitung und vom ZK unter dem Motto gegängelt worden ist »Wer nicht spurt, kann ja in der Kohle arbeiten«, wird ihr jetzt der Schwarze Peter zugeschoben. Und ausgerechnet Propagandasekretär Jochen Pommert, mit dem nach Veranstaltungen alles bis ins Detail abgesprochen werden muß, der sich die kleinste Meldung zu den Ereignissen vorlegen läßt, bevor sie veröffentlicht werden darf, ausgerechnet er sagt jetzt vor Journalistikstudenten, daß bei den gestandenen Journalisten die Fähigkeit auszuprägen ist, Problemen auf den Grund zu gehen und echten Dialog widerzuspiegeln. Ist das schon der Gipfel, so wird er noch dadurch übertroffen, daß diese Bemerkung auch noch ins Blatt gerückt wird – es wäre ja mit Pommert abgesprochen!

16. Oktober. Der Leipziger Schriftstellerverband wird deutlich und erklärt, daß die in der Politbüroverlautbarung angekündigten Veränderungen zu allgemein und vieldeutig wären. »Deshalb drängen wir die Staatsführung, den Prozeß zu beschleunigen und dem notwendigen Dialog auch Taten folgen zu lassen.« Von oben her kommt das Wort, daß die Straße nicht der rechte Ort für den Dialog sei. Dahinter verbirgt sich die Angst, daß eine weitere große Demonstration bevorsteht. Die Partei verteilt Flugblätter: Nicht demonstrieren! Es nützt nichts, abends füllt sich die Stadt. Da hilft auch ein Aufruf im Stadtfunk nichts, in dem unter anderem Pfarrer Schleinitz das Bibelwort zitiert: »Suchet der Stadt Bestes« und: »Bevor ihr weitergeht, bedenkt, ob es der Stadt Bestes ist, was jetzt auf der Straße ausgehandelt werden soll.« Seine Kollegen in der Nikolaikirche sehen das offenbar anders. 10 Minuten nach 18 Uhr öffnen sich die Tore der Kirche, und erneut formiert sich ein riesiger Zug. Bald ist zu sehen, daß diesmal die Demonstration einen anderen Charakter hat. Es sind mehr Leute im mittleren Alter dabei, und es werden erstmalig Transparente mitgeführt. Allen voran ein Schild: »Schnitzler, entschuldige Dich!« Ich hetze nach der Demonstration zurück, entwickle die Fotos, doch, wie hatte Bernd-Lutz Lange, einer der Unterzeichner der Erklärung der Leipziger Sechs, gesagt: »Die Medienpolitik ist gescheitert.« An diesem Abend scheitert sie wieder, einer der Mitunterzeichner, Jochen Pommert, verfügt: kein Foto.

Über 150 000 Leipziger zur Montagsdemonstration am 16. Oktober 1989

17. Oktober. In der Zeitung läßt Pommert verlauten, daß für die zugegebenermaßen notwendigen Veränderungen die Straße weder Ort noch Mittel sei. Endloses Palaver sei kein Synonym für Dialog. Es wird sogar Pfarrer Weiß bemüht, der sagt: »Die Straße ist kein Ort, an dem man Probleme lösen kann.« In der Berichterstattung der LVZ auf Seite 2 ist über die Demonstration zu lesen: »Wir sind unmittelbar an der Spitze des Zuges. Es fallen junge Leute auf, die das alles als so eine Art Gaudi zu betrachten scheinen.« Dann haben die Reporter ein Schild gesehen mit »Berufsverbot« für einen DDR-Fernsehkommentator. Gemeint ist Schnitzler, der sich entschuldigen soll. Auch haben sie ausgerechnet, wie viele Straßenbahnen ausgefallen sind und daß Tausende nun vergeblich auf ihre Bahn gewartet haben. Sind das die Probleme, denen man auf den Grund gehen soll, wie Pommert so schön gesagt hat? Sollte diese Fähigkeit ausgeprägt werden?

12.30 Uhr fahre ich ins Kirow-Werk; dort will Helmut Hackenberg mit den Arbeitern über die Lage sprechen. Hackenberg kommt zur Tarnung nicht in seiner schwarzen Peugeot-Limousine, sondern in einem ordinären blauen Lada; sein Fahrer macht einen beleidigten Eindruck. Die Arbeiter, sonst voller Respekt vor der Obrigkeit, nehmen kein Blatt vor den Mund. Der Betriebsplan wäre »präzisiert« worden, dadurch sei es nicht möglich gewesen, 10 Krane für die UdSSR zu liefern. Die nun fehlenden Mittel könnten somit nicht für die dringend notwendige Modernisierung eingesetzt werden. Die Arbeiter beschweren sich über fehlende Werkzeuge, Meßmittel, die sie sich untereinander ausborgen müßten. Im übrigen solle er sich ruhig mal die Toiletten ansehen. Hackenberg verspricht, in einem Jahr wiederzukommen, um zu sehen, was sich alles verändert hat. In einem Jahr? Soll das alles so lange dauern? Überhaupt Hackenberg, der interessiert sich doch eigentlich nur für Fußball. Einmal im Jahr empfängt er die Fußballer des 1. FC Lokomotive Leipzig, um sie auf die neue Saison einzustimmen. Das letzte Mal hielt er eine Rede, die sich der Trainer mit höflich versteinertem Gesicht anhörte. Hackenberg sagte, sie sollten die freien Räume besser nutzen und keine Torchance auslassen. Aber der Trainer hatte sich keine Notizen gemacht, und folgerichtig verlor die Mannschaft in Serie.

Hackenberg im Kirow-Werk

Der Leiter von ADN erhält Morddrohungen wegen der dürftigen Berichterstattung. Daraufhin läßt er im Schaukasten das von ihm gesendete Material aushängen und stellt dem gegenüber die daraus gezimmerten armseligen Meldungen.

Übrigens soll der 1. Sekretär der SED-Kreisleitung in Altenburg gesagt haben, er verstehe die Lage in Leipzig nicht; an seiner Kreisgrenze jedenfalls werde die Konterrevolution haltmachen.

18. Oktober. Ich hole meinen Trabant aus der Werkstatt. Natürlich haben sie die Auspuffanlage nicht gewechselt, obwohl sie, mehrmals geschweißt, schon seit 100 000 Kilometern in Betrieb ist; sie würde ja noch nicht abfallen, sagte grinsend der Meister. Im Autoradio höre ich, daß Honecker zurückgetreten ist, auch der Pressezar Joachim Herrmann wurde von seinem Posten entbunden. Wie hatte er noch am 29. September gesagt? – »Über Honecker werden sich die Gegner noch wundern.«

Egon Krenz hält abends eine Fernsehansprache. Der Westen kommentiert: Nichts Neues. Ich finde aber doch. Noch nie hat die Partei bisher zugegeben: Ungenügendes Warenangebot, Verfall der Wohnsubstanz, übersteigerte Selbstdarstellung, Schönfärberei; er spricht von Überlegungen zur Lohnpolitik, zu Subventionen und zur Umwelt und vieles andere mehr.

20. Oktober. Die verbotene Zeitschrift »Sputnik«, die ich mir früher immer mühsam besorgen mußte, ist in der DDR wieder zugelassen.

23. Oktober. Bauminister Junker ist in der Stadt und erzählt vor Bauarbeitern, daß Leipzig bewußt links liegen gelassen wurde, man wollte keine Hochburg heranzüchten. – Jetzt haben sie eine, denke ich. Die Schuld an der Lage gibt er dem Politbüro mit seinen selbstherrlichen Entscheidungen, er habe vergebens dagegen angekämpft.

Ecke Nikolaikirche/Schumachergäßchen vor Beginn der Montagsdemonstration am 23. Oktober 1989

EGON KRENZ, MACH
DIR KEIN' LENZ!
- CHINA, WAHL, POLIZEIEINSATZ -
vergessen wir nicht!

Specks Hof

Vor der Nikolaikirche und auf dem Karl-Marx-Platz zu Beginn der Montagsdemonstration am 23. Oktober 1989

Und wieder Montagsdemonstration. Die Partei- und Staatsorgane haben um diese Zeit in den Stadtbezirken Aussprachen angekündigt. Außer ein paar fußkranken Rentnern wird da kaum einer kommen, denn nach einem warmen Sonnentag ist die Stadt voller Menschen. Die nun folgende Demonstration ist wohl die bisher größte in der Geschichte der Stadt, ich schätze 250 000 bis 300 000 Teilnehmer. Der Humor des Volkes trifft härter als Steine. »Krenz mach dir keinen Lenz«, heißt es da oder in Anspielung auf die Olsenbande: »Egon mach einen Plan«. Und weiter: »Wir brauchen die Partei nicht, aber die Partei braucht uns.« Es wird die Zulassung von Oppositionsparteien gefordert – demokratisches Wahlrecht – unabhängige Medien – freie Gewerkschaften – Betriebsräte – aber auch: »Wer gestern noch schrie ›Stalin Hurra‹ ist heute als neuer Reformer da.«

Diesmal springt die LVZ über ihren eigenen Schatten und veröffentlicht erstmals eines meiner Bilder, schön klein, aber immerhin.

Ein Gespenst taucht auf, ein Gerücht, daß Jochen Pommert neuer 1. Sekretär im Bezirk werden soll. Spontane Äußerung von Genossen: Dann lege ich mein Mitgliedsbuch auf den Tisch.

Etwa 300 000 Teilnehmer zur Montagsdemonstration am 23. Oktober 1989

24. Oktober. Egon Krenz wird auf der 10. Tagung der Volkskammer zum Vorsitzenden des Staatsrates und zum Vorsitzenden des Nationalen Verteidigungsrates gewählt. Es gibt Gegenstimmen!

25. Oktober. Ein Offizier der Staatssicherheit kommt in die Redaktion und möchte alle Fotos, besser noch alle Filme von den Demonstrationen der letzten Wochen haben, interessehalber. Außerdem müßten sie einer Anzeige nachgehen; es wäre alles mit dem Chef abgesprochen. Als ob ich es geahnt hätte, denn meine Filme sind längst an einem sicheren Ort verwahrt. Ich weigere mich, auch für die anderen Bildreporter, die ebenfalls zu den Ereignissen fotografiert haben. Zur Mittagssitzung bringe ich die Sache zur Sprache. Der Chef weiß von nichts, ich glaube ihm, wer war es aber dann? Ich fühle einige eiskalte Blicke. Doch die Mehrheit ist empört über diese Forderung.

26. Oktober. Der Chef ruft mich, fatale Sache, irgend jemand habe zugestimmt, er jedenfalls nicht, doch die Filme sollten nicht herausgegeben werden. Aber, ob ich nicht wenigstens ein unscharfes Bild hätte, das wir der Staatssicherheit geben könnten? Natürlich habe ich eins, von der Prügelei, wo ich vor lauter Angst vergessen hatte, scharf zu stellen, aber gerade das werde ich nicht herausgeben, ich weigere mich prinzipiell: Haben wir nicht eine moralische Verpflichtung den Lesern gegenüber? Wir würden ja sonst das letzte bißchen Vertrauen verlieren. Der Chef muß mir zustimmen und reizt seine Macht nicht aus. Später kommt der Offizier noch einmal und nimmt die Weigerung mit dem bissigen Satz zur Kenntnis: »Wenn alle so handeln würden, dann können wir zumachen.« Dem wäre eigentlich nichts mehr hinzuzufügen.

[Anfang Februar 1990 allerdings kamen zwei Beauftragte des stellvertretenden Generalstaatsanwaltes der DDR zu mir, weil sie Material suchten für eine Anklage gegen Honecker wegen Hochverrats. Sie interessierten sich auch für die Presseausweise, die am 9. Oktober ausgegeben worden waren. Als ich ihnen von den versteckten Filmen erzählte, meinten sie, ich wäre naiv, »die hätten angefangen, Ihr Haus auseinander zu nehmen, da hätten Sie nicht lange zugesehen und die Filme herausgerückt.«]

27. Oktober. Kein Archiv kann die Flut der Vorschläge, Feststellungen, Beschuldigungen, Dialoge und vor allem das Auflisten von Fehlern aufnehmen. Auch nicht die Dialogsäule, die das Gewandhaus heute auf dem Karl-Marx-Platz aufstellen ließ. Aber es kommt fast alles von unten, die Oberen stehen mit dem Rücken zur Wand, schließen sich den Vorschlägen an und sagen Prüfungen zu oder schimpfen mit auf Maßnahmen, die sie selbst veranlaßt haben. Immerhin: Eine Amnestie wird für alle verkündet, die wegen versuchter Republikflucht verhaftet wurden.

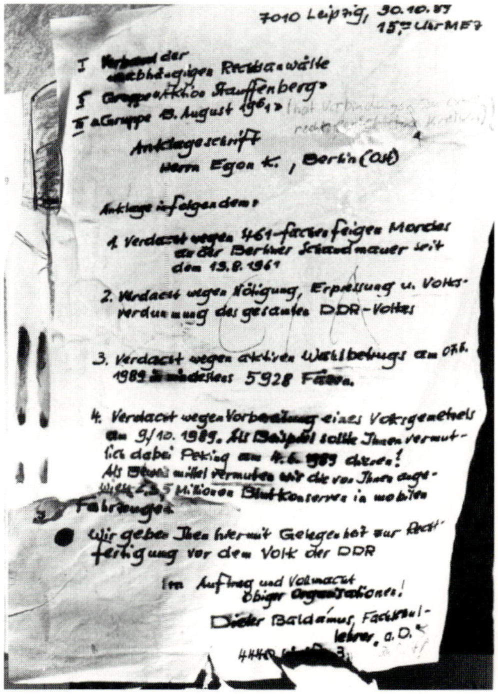

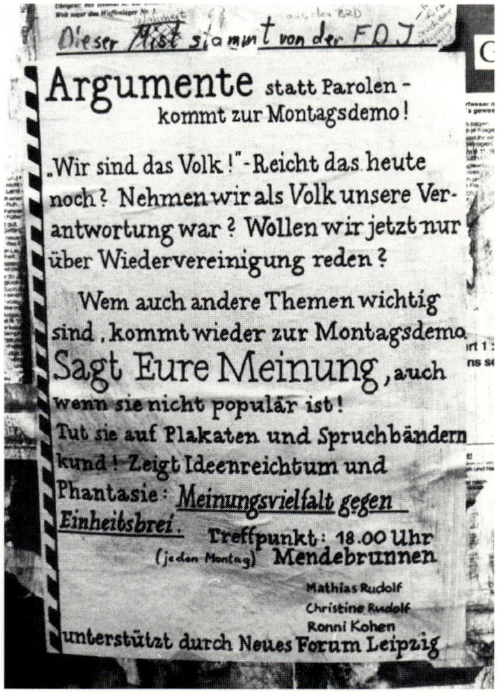

An der Dialogsäule auf dem Karl-Marx-Platz

30. Oktober. Die Stadt ist voller Menschen, heute soll es vor der Demo zu Gesprächen mit Persönlichkeiten der Stadt kommen. Keiner weiß wo. Als schließlich der Oberbürgermeister Dr. Bernd Seidel sowie Jochen Pommert und Achim Prag [1. Sekretär der SED-Stadtleitung] erscheinen, gibt es kein Podium und weder Mikro noch Lautsprecher. Der OBM ist dicht umringt, keiner versteht, was er sagt, er wirkt hilflos und verspricht, das nächste Mal mit Technik zu kommen. Die Demo beginnt. Vor der Stasi sorgt eine Kette von jungen Leuten für Abstand zwischen Gebäude und Demonstranten; die Rufe sind gewaltig: »Stasi in die Produktion« und »Wir verdienen euer Geld«. Am Neuen Rathaus brennen Kerzen, Sprechchöre fordern: »Wir wollen unseren Bürgermeister sprechen.« Als sich nichts tut, fordern sie seinen Rücktritt.

Der Oberbürgermeister auf dem Karl-Marx-Platz

Demonstranten vor dem Neuen Rathaus am 30. Oktober

der DDR
FÜR EINEN SOZIAL
ÖKOLOGISCHEN
WEHRERSATZDIENST
Frau wählt Frau
Ohne uns kann
man(n) nichts machen

Lieber viele
saubere Bäche,
als einen
schwarzen Kanal!

Gleiche
chancen
brauchen
unsere Kinder nicht !
Wahlen

LEIPZIGS LUFT
OHNE SCHWEFEEDUFT
DER DIALOG WIRD BALD ZUR
WIR WEITER AUF DIE
Egon, laß jetzt Taten
sonst mußt
In Espenhain die
Filter rein, die Luft soll
wieder sauber sein!
Freie Wahlen
Zahlen !!

250 000 Teilnehmer formieren sich auf dem Karl-Marx-Platz für den Zug um den Ring am 30. Oktober 1989.

Montagsdemonstration am 30. Oktober 1989

Wer zu spät kommt, den straft das Leben
Deshalb NEUES FORUM jetzt

EGON MACHT DIE
GRENZEN AUF

Am Rand der Montagsdemonstration am 30. Oktober 1989

31. Oktober. Abends fahre ich zur ersten Veranstaltung mit dem Neuen Forum im Klub der Jugend, Elsterstraße. Den Fragen stellen sich der Oberbürgermeister, der Stadtrat für Kultur, Dr. Uwe Fischer, der Chef der Verlagsgruppe Kiepenheuer und der Chef der Pfeffermühle; ein offizieller Sprecher des Neuen Forum fehlt. Es wird harte Kritik geübt und vor allem der Führungsanspruch der SED in Frage gestellt. Aber es zeigt sich, daß das Neue Forum noch sehr uneinheitlich ist. Es fordert zwar den Dialog, aber es ist doch mehr ein Monolog der Anklage. Dennoch, alle Redner sind um Ehrlichkeit bemüht.

Professor Arno Rink, Rektor der Hochschule für Grafik und Buchkunst, sagt, für ihn sei das Ganze schizophren, weil es einerseits das Neue Forum offiziell nicht gäbe, er aber andererseits von der Stadt zu der Veranstaltung mit dem Neuen Forum eingeladen wurde.

3. November. Nunmehr kommt die Zeit der Rücktritte. Der FDGB-Chef Tisch ist zurückgetreten, ebenso der NDPD-Vorsitzende Hohmann und der CDU-Vorsitzende Götting. Heute tritt auch der Leipziger Oberbürgermeister zurück. Ebenso verkündet der Leipziger FDGB-Chef Dietmar Krist seinen Rücktritt. Noch vor wenigen Wochen sprach er in der BRD zu Arbeitern über die Plandiskussion in der DDR. Wie er sagte, hätten die Arbeiter über die Mitgestaltung am Plan nur so gestaunt; jetzt staunen sie sicher wieder.

4. November. Große Demonstration in Berlin für Verbesserungen in der DDR. Der Schriftsteller Christoph Hein schlägt vor, Leipzig zur »Heldenstadt der DDR« zu ernennen. Ist das nun Ernst oder Ironie?

5. November. Sonntagsdisput im Gewandhaus. Ich bin spät dran, überall Menschenmassen, es ist kein Durchkommen, auch mit Presseausweis nicht. Freundliche Mitarbeiter lassen mich über den Personaleingang hinein und geleiten mich durch ein Heerlager bis zum kleinen Saal, der bis auf den letzten Platz gefüllt ist. Auf der Bühne ist eine Reihe Tische aufgebaut, dahinter sitzen Gewandhauskapellmeister Kurt Masur, Superintendent Friedrich Magirius, Kulturminister Hans-Joachim Hoffmann, der Maler Werner Tübke und andere, die ich nicht kenne. Es beginnt mit Kultur, der Kinderchor singt.

Dann spricht Masur, er sagt, viele Proben seien nötig, um die oft schwierigen Gesangsstücke in hoher Qualität wiedergeben zu können. Ein Konzert wäre von 100 Stationen übertragen worden, aber nicht von der DDR. Hohes Lob den Kindern, trotzdem habe eine Schülerin im Jahreszeugnis die Bemerkung stehen, daß sie gesellschaftlich nicht aktiv sei. Ein Gewandhausmusiker sagt ergänzend, er habe während des Studiums an der Leipziger Musikhochschule mehr Stunden in Marxismus-Leninismus gehabt als in seinem Hauptfach, eigentlich wäre er ein musizierender Philosoph.

Erste öffentliche Veranstaltung des Neuen Forum am 31. Oktober 1989; Prof. Arno Rink am Mikrofon

Den Höhepunkt aber bildet der Auftritt von Kulturminister Dr. Hoffmann, der sagt, Egon Krenz habe im Politbüro keine Mehrheit. Deshalb fordere er nicht nur den Rücktritt der Regierung, sondern auch des gesamten Politbüros. Die Leute springen auf und reagieren mit stehendem Applaus.

Aus dem Publikum meldet sich ein Maler und Grafiker, der nun den großen Meister Tübke leibhaftig und angreifbar vor sich sitzen sieht. Natürlich hält er nichts von dem gewaltigen Monument mit Tübkes Riesenbild in Bad Frankenhausen; nein, keinesfalls Neid, aber was denn der Spaß gekostet habe? Tübke bleibt die Ruhe selbst, er wisse das nicht, sein Honorar sei dabei das wenigste gewesen. [Bei einer Pressekonferenz vor dem Gemälde hatte Tübke auf die Frage, ob er sich damit ein Denkmal gesetzt habe, geantwortet: wohl eher ein Grabmal, er hätte dabei einen Herzinfarkt bekommen und durchgetretene Füße.]

Sonntagsgespräch m Gewandhaus am 5. November 1989 mit Prof. Kurt Masur

Nach dem Sonntagsgespräch vor dem Gewandhaus

6. November. Regen, das erste Mal Regen zur Demonstration, trotzdem ist die Stadt voller Menschen. Eine bizarre Situation. Die Demonstration ist nicht angemeldet, also eigentlich illegal, trotzdem gibt es offizielle Redner von Rang, so auch den neuen 1. Sekretär der SED-Bezirksleitung, Roland Wötzel. Aber es läuft alles schief: Niemand sieht, wo die Redner stehen, es gibt keine richtige Übertragungsanlage, und um die Mikrophone ist ein irres Gedränge, wer eins zu fassen bekommt, kann reden, selbst wenn es der größte Blödsinn ist.

Vor dem Opernhaus am 6. November 1989

7. November. Die Regierung erklärt ihren Rücktritt.

8. November. Das Politbüro tritt zurück und wird anschließend neu gewählt, statt 26 sind es nur noch 17 Mitglieder, darunter kein Leipziger.

9. November. Politbüromitglied Schabowski gibt jetzt täglich eine Pressekonferenz des ZK. Heute ist ihm offenbar ein Fehler passiert, dessen Auswirkungen in die Geschichte eingehen werden; er verkündet ab sofort unbeschränkte Reisefreiheit! Das bedeutet den Fall der Mauer! Und das bedeutet auch den Fall der Grenzzäune und Sperrgebiete! Elisabeth (meine Frau) heult, kann sie doch nun nach 40 Jahren ungehindert ihre Thüringer Heimat an der bayrischen Grenze aufsuchen.

10. November. Ein turbulenter Tag. Die Redakteure der LVZ sprechen der Chefredaktion das Mißtrauen aus. Im Vorfeld haben einige progressive Leute in einer konspirativen Sitzung nach einem neuen Chef Ausschau gehalten. Nun, das ist Konterrevolution, die Betonköpfe schlagen Alarm und rufen die Parteikontrollkommission an, man könnte auch sagen die Inquisition. Und die Informanten? Ihnen werden die Federn glühen. Einige kennt man ja, das sind die, mit denen man möglichst nur über das Wetter spricht. Aber da gibt es sicher noch mehr.

Im Museum der bildenden Künste eröffnet Johannes Rau, Ministerpräsident von Nordrhein-Westfalen, die Ausstellung »Zeitzeichen«. Es gibt Gespräche, aber viele mögen mit ihren Gedanken bei der unverhofften Reisefreiheit sein. Auch ich habe keine Muße, mir die Bilder und bizarren Gebilde anzusehen, darunter eine Konstruktion von Joseph Beuys, eine Art Werkbank mit dem seltsamen Titel »Hirschbank«. Diese wäre vom Reinigungsgeschwader beinahe weggeräumt worden, was in letzter Sekunde verhindert werden konnte.

Johannes Rau wird vom amtierenden Oberbürgermeister Günter Hädrich begrüßt.

Auf den Volkspolizeiämtern gibt es dramatische Szenen, dort werden Visumstempel ohne Antrag auch in den Personalausweis gestempelt. Das könnte auch der Pförtner machen.

An der Staatsbank steht eine riesige Menschenschlange, um ihre 15 Mark Ost gegen 15 DM für eine Westreise einzutauschen. Ich verbrauche einen ganzen Film, um die Schlange Stück für Stück festzuhalten. Dabei ist es schon spät und an manchen Stellen reichlich dunkel.

In Berlin spielen sich unglaubliche Szenen ab, es ist der Tag des Wiedersehens zwischen Ost und West, und Hunderttausende passieren ohne Formalitäten die Grenze.

Kurt Masur schickt mir einen Brief, worin er sich für die Fotos vom 9. Oktober bedankt, die ich ihm als kleine Aufmerksamkeit zugesandt hatte.

Vor der Staatsbank am 10. November 1989

M.OELSNER

11. November. Willenskundgebung der Leipziger SED-Mitglieder auf dem Dimitroffplatz. Nur fünf- bis zehntausend sind gekommen und das bei einer Mitgliederzahl von 80 000 allein in der Stadt. Rolf Opitz [Vorsitzender des Rates des Bezirkes Leipzig] wird sofort ausgepfiffen und muß gehen.

SED-Willenskundgebung auf dem Dimitroffplatz am 11. November

Leipziger Ortsschild im November 1989

12. November. Sonntagsdisput im überfüllten Foyer des Gewandhauses; auch die Etagen und Treppenhäuser sind gut gefüllt. Das Bemerkenswerteste ist die Schilderung von Kurt Masur um die Vorgänge des 9. Oktober: Der Nichteinsatz von Polizeigewalt sei ganz allein eine Entscheidung des Bezirkes gewesen und hätte nichts mit Egon Krenz zu tun. Das ist sensationell! Bisher galt ja, daß Hackenberg und Krenz, gewissermaßen an Honecker vorbei, eine Katastrophe verhindert hätten. Wenige Stunden vor der Demonstration – so Masur – habe es ein Telefongespräch zwischen Dr. Kurt Meyer [Sekretär der SED-Bezirksleitung] und ihm gegeben. Kurt Meyer habe sich dann mit Dr. Roland Wötzel [Sekretär der SED-Bezirksleitung] und Pommert verständigt, und die drei wären zu ihm in die Wohnung gekommen. Nach einer Beratung seien die Sekretäre zurück in die SED-Bezirksleitung gefahren und hätten sich mit den anderen Genossen abgesprochen. Es sei entschieden worden, daß die Sicherheitskräfte nicht zum Einsatz kommen sollen und alles versucht werden muß, daß die Demonstration friedlich abläuft. Daraufhin habe man gemeinsam mit dem hinzugekommenen Pfarrer Dr. Peter Zimmermann und dem Kabarettisten Bernd-Lutz Lange bei ihm den Aufruf formuliert, der anschließend in allen Kirchen verlesen und über den Stadtfunk gesendet wurde.

Sonntagsgespräch im Gewandhaus am 12. November 1989

13. November. 11. Tagung der Volkskammer. Hans Modrow, bisher 1. Sekretär der SED-Bezirksleitung Dresden, wird zum Vorsitzenden des Ministerrates gewählt.

16. November. Der von LVZ-Redakteuren ausgewählte neue Chefredakteur, Dr. Wolfgang Tiedke, wird von Pommert in sein Amt eingeführt. Tiedke war schon früher durch mehrere Beiträge für die LVZ aufgefallen. Das lief meist nach folgendem Muster ab: Mutiger Artikel zu einem heißen Thema, zum Beispiel über sozialistische Arbeitsmoral. »Wer die Arbeit kennt und sich nicht drückt, der ist verrückt«, zitierte er einmal diesen altberliner Scherzreim. Das wurde als bester Beitrag eingeschätzt, in dem Sinne, auch der Sozialismus schützt nicht vor Faulheit. Die Bezirksleitung hatte zunächst keine Einwände. 14 Tage später erschien in der Westpresse ein Artikel: »Sogar die LVZ kam nicht umhin zuzugeben, daß ...«

Daraufhin Krisensitzung in der Abteilung Agitation und Propaganda des ZK der SED, und der Beitrag wurde als überaus schädlich eingestuft. Nun fiel es auch der Bezirksleitung der SED wie Schuppen von den Augen, und der beste Beitrag war auf einmal der schlechteste. Und dieser Mann wird jetzt Chefredakteur! Diese wurden sonst vom ZK bestimmt und von der SED-Bezirksleitung abgenickt, ein Mitspracherecht hatte sie dabei nicht. Jetzt bestimmen gewöhnliche Redakteure, wer Chefredakteur werden soll. Pommert zieht ein Gesicht wie ein arbeitsloser Dompteur. Dr. Tiedke gebraucht Worte von Kisch, daß dem Geist nur durch Geisteskraft zu begegnen ist und nicht durch Gewalt und Gerichtsurteil.

Gegensätzliche Losungen vor dem Neuen Rathaus

Montagsdemonstration am 13. November 1989 mit etwa 200 000 Teilnehmern

Wann wird abgerechnet?!
Chaosverantwortliche, Drahtzieher
und Kesseltreiber vor's Gericht!
SED, MfS, MdJ, Polizei, Armee,
Kampfgruppe, GST und FDJ
OHNE WESTKNETE
KEINE WESTFEETE

Gorbi out. Umwelt out
Es schallet ein Schrei nach
WESTGELD laut.
Du „mündiger Bürger", gib bloß
acht, daß man Dich nicht
erneut zur macht!

FREIE WAHLEN
Vereintes
Deu … ch land
…ücktritt
ohne
Rechenschaf…
Ist der Staat noch so am Ende,
der Wehrdienst hat wohl nie ein Ende!

13. November: Leipziger warten vor der Nikolaikirche auf das Ende des Friedensgebetes

18. November. Erste genehmigte Kundgebung des Neuen Forum auf dem Dimitroffplatz. Es ist Sonnabend, und viel weniger Menschen sind gekommen, als der Veranstalter erhofft hat. Sicherlich liegt es auch daran, daß inzwischen über 10 Millionen Visa ausgegeben wurden und die DDR auf Reisen ist. Trotzdem ein großes Medienspektakel, der WDR sendet fast zwei Stunden live. Die Redner vom Neuen Forum fordern Zugang zu den Medien und eigene Druckmöglichkeiten. Eine Hausfrau fordert den Wegfall von Kaderakten, eine Journalistin verlangt die Befreiung der Frau von der Unterdrückung durch den Mann, eine Ärztin will überall einen Frauenanteil von 50 Prozent.

Ein Demonstrant artikuliert sich: »Wer will uns regieren? 16 000 000 sind zu versteigern. Wer bietet?«

Kundgebung des Neuen Forum am 13. November

ER WILL UN
REGIEREN?
16000000
sind zu ver-
steigern
ER BIETET

Erste genehmigte öffentliche Kundgebung des Neuen Forum am 18. November 1989

Wir
Plagwitz nie - Reichelt auf die Deponie!
Kein RücKtritt ohne Rechenschaft

SO KANN ES NICHT WEITERGEHEN !
FREIE WAHLEN WOLLEN WIR SEHEN
SED - ADE
erz und verstand
land einig Vaterland

Pressefreiheit ist
nicht die Freiheit
der Presse zu lügen

ALS
LENKER
keine
Marionetten
schaut auf diese Stadt! 7.10.1989

Schrifttafeln und Spruchbänder bei der Kundgebung des Neuen Forum am 18. November 1989

Montagsdemonstration am 20. November 1989

20. November. Ab heute ist aus dem Impressum der Leipziger Volkszeitung die Zeile verschwunden: LVZ wurde mit dem Vaterländischen Verdienstorden in Gold ausgezeichnet.

Und wieder Montagsdemonstration. Es ist neblig, Smog, in der DDR Industrienebel genannt. Trotzdem ist die Stadt am späten Nachmittag voller Menschen. Diesmal ist für eine gute Beschallung gesorgt, eine Leipziger Rockgruppe hat dafür kostenlos ihre teure Westanlage aufgestellt. Aber über die Lautsprecher kommt ziemlicher Unsinn. Ein Redner behauptet, das ZK hätte in der Karibik eine Insel gekauft, Honecker hätte sich in der Schweiz operieren lassen und Egon Krenz für 400 000 Dollar in den USA. Die Partei hätte Ferienheime auf Mallorca, Margot Honecker würde einmal in der Woche in die Schweiz zum Kaffeetrinken fliegen und einmal im Monat nach Paris zum Friseur. Alles natürlich Unsinn; aber ich glaube, heute sind die Würfel gefallen, denn es tauchen erstmalig Staatsflaggen der Bundesrepublik auf, dazu rufen die Leute: »Deutschland einig Vaterland«, ein Stück Nationalhymne der DDR, ein Text, den wir in der DDR so lange entbehren mußten.

23. November. Gegen Erich Honecker wurde ein Verfahren eingeleitet. Egon Krenz wird in der ARD 45 Minuten von Fritz Pleitgen interviewt. Auf die Frage, zu welcher Zeit das Telefongespräch am 9. Oktober mit Leipzig stattgefunden habe, sagt er nach einigem Überlegen: 19.20 Uhr. Da waren die Würfel längst gefallen, und so kann es bei der Darstellung dieser historischen Entscheidung keine Zweifel mehr geben.

27. November. Montagsdemonstration, rund die Hälfte der Transparente enthalten Forderungen nach Wiedervereinigung. Großes Gedränge auf dem Rednerpodest vor der Oper. Das Neue Forum ist der Veranstalter und muß sich vorkommen wie der Zauberlehrling, der nicht weiß, wie er all die Geister beruhigen soll, die unbedingt das Mikro haben wollen. Der neue amtierende Oberbürgermeister Günter Hädrich spricht und erntet viele Pfiffe, während die Rede des OBM von Hannover, Herbert Schmalstieg, mit begeisterten Rufen »Deutschland einig Vaterland« quittiert wird. Als Michael Arnold vom Neuen Forum, einer der Erstunterzeichner von »Aufbruch 89«, sagt, der Wunsch nach Wiedervereinigung erfülle ihn mit Sorge, wird er ausgepfiffen. Es ist klar, die Leute erhoffen sich von einer schnellen Wiedervereinigung Wunder.

Friedensgebet in der Nikolaikirche am 27. November 1989

28. November. Bundeskanzler Kohl verkündet ein Zehn-Punkte-Programm zur Überwindung der Teilung Deutschlands.

29. November. 19 Uhr, Versammlung der Leipziger SED-Mitglieder auf dem Dimitroffplatz. Es ist kalt und der Platz bescheiden gefüllt. Empörung über die aufgedeckten Privilegien der Parteiführung. Nun schön, aber vieles war doch bekannt? Eine Neugründung der Partei wird abgelehnt, der alte Name würde ihr trotzdem anhaften.

2. Dezember. Gestern gab Dr. Heinrich Toeplitz [Vorsitzender eines Untersuchungsausschusses] vor der Volkskammer einen kritischen Bericht über Korruption, Bereicherung und Amtsmißbrauch. So eine Kritik wird wohl in den Parlamenten der Welt nicht allzu häufig auftauchen. Die Abgeordneten geben sich erschüttert; wußten sie nichts davon? Auch Dr. Toeplitz nicht? Immerhin ist er Präsident des Obersten Gerichts der DDR und Mitglied des Hauptvorstandes der CDU. Bei ihm hatte ich mich einmal über Amts- und Machtmißbrauch der DDR-Behörden beschwert; die Antwort wurde den unteren Dienststellen überlassen.

Jetzt kann man getrost die Zeitung lesen, wenn man sich über die Ereignisse informieren will, erstmals seit 40 Jahren, von ein paar Ausgaben um den 17. Juni 1953 abgesehen.

Interessant ist eine Aussage von Prof. Kurt Biedenkopf, CDU-Bundestagsabgeordneter und langjähriger Generalsekretär der Partei, daß es eine politische und moralische Pflicht zum Lastenausgleich der Bundesrepublik gegenüber der DDR gebe, weil diese nach dem Krieg mit 98 Prozent die Reparationslasten fast allein getragen habe.

Kundgebung der SED am 29. November 1989

3. Dezember. Mit einer Menschenkette für demokratische Erneuerung säumen Tausende die Fernverkehrsstraßen. Nachmittags kommen Meldungen, daß das gesamte ZK und das Politbüro zurückgetreten sind. Günter Mittag und Harry Tisch sind verhaftet, Schalk-Golodkowski, verantwortlich für Waffengeschäfte und Devisenbeschaffung, ist auf der Flucht.

Menschenkette für eine demokratische Erneuerung am 3. Dezember 1989

4. Dezember. Montagsdemonstration. Der Karl-Marx-Platz ist wieder voll. Heute vor 46 Jahren wurden in der Nacht zum 4. Dezember große Teile der Leipziger Innenstadt und angrenzender Gebiete durch Bombenangriff zerstört. Viele tausend Tote liegen auf dem Südfriedhof unter einer Nummer und der Bezeichnung Bombenopfer. Ich sehe noch die Glut, die sich in Schnee und Eis spiegelte. 150 000 Menschen wurden damals obdachlos, so viele, wie jetzt auf dem Platz demonstrieren.

Doch daran denkt wohl heute niemand. Es werden Zusammenstöße zwischen Anhängern der Wiedervereinigung und Befürwortern zweier deutscher Staaten befürchtet.

Neben dem Ruf nach einem wiedervereinigten Deutschland häufen sich nun die Forderungen nach einer Verurteilung der Staats- und Parteiführung.

Transparente zur Montagsdemonstration am 4. Dezember 1989

Tisch sein Jagdgebiet
Stoph's Naturschutzgebiet
dem Volk ihr Ruinengebiet
danket den SED-Funktionären
denn Sie alle liebten uns !

Bei SED und FDJ
sitzen Sie
in der letzten Reih
Sozialismus
nein danke!

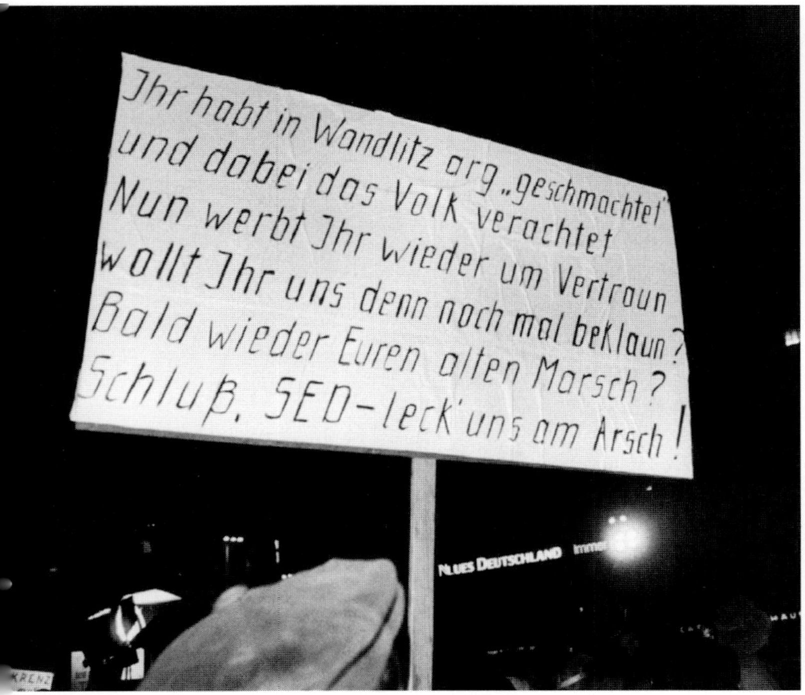
Ihr habt in Wandlitz arg „geschmachtet"
und dabei das Volk verachtet
Nun werbt Ihr wieder um Vertraun
wollt Ihr uns denn noch mal beklaun?
Bald wieder Euren alten Marsch?
Schluß. SED-leck' uns am Arsch!

Die SED liegt dem Volk auf der
Tasche, ab in die Asche!

Transparente zur Montagsdemonstration am 4. Dezember 1989

Rentner aus
Wandlitz
nach
Plagwitz SO_2 3,86

GROẞDEUT-
SCHLAND-
Nichts gelernt?!
Wir sagen:
NIEMALS!!!

Auf einem Transparent wird verlangt: »Besetzt das Stasigebäude sofort.« Ich frage die Leute, wie sich ihre Forderung mit Gewaltfreiheit vereinbaren läßt. Sie aber sagen, eine Abordnung von Neuem Forum, Demokratischer Aufbruch und anderen sei bereits dort. Ich eile zum Stasigebäude, das Tor wird buchstäblich belagert. Vom Balkon aus wird über ein Megaphon zu Ruhe und Besonnenheit aufgefordert. Es heißt, am Hintereingang würden einige Journalisten eingelassen. Im wilden Galopp rast die Pressemeute zum Hintereingang, erst zum falschen, wer kennt sich schon mit der Stasi aus. Am Eisentor stehen bereits vielleicht tausend Menschen, Fäuste trommeln an das Tor. Einige erklimmen die Mauer, filmen und fotografieren in den Hof hinein. Ein Mann klettert am Blitzableiter hoch. Laut wird gerufen: Laßt die Presse rein. Von innen erscheint ein Megaphon, die Menge wird aufgefordert, den Rechtsanwalt Schnur hineinzulassen. Schon drängt sich ein kleiner Mann voller Energie durch die Massen, das Tor öffnet sich einen Spalt und verschlingt den Anwalt. Auf einmal gibt es eine Detonation, ein Knallkörper wird von einem Demonstranten gezündet. Mir wird ganz heiß, und ich denke, jetzt gehts los, doch es passiert nichts. Später spreche ich mit einem Offizier der Stasi-Wachmannschaft und erfahre, daß vorher alle Waffen eingezogen worden waren. Schnur verhandelt nun zwischen den Demonstranten und der Stasi und verkündet den jeweiligen Stand durch ein Megaphon. Erst nur die DDR-Presse, das Volk protestiert, ausgerechnet die Märchenpresse! Dann ist auch die Westpresse zugelassen, einige Journalisten dürfen hinein; was leicht gesagt ist, ich muß rohe Gewalt einsetzen, um mit dazuzugehören.

Vor dem Gebäude der Stasi am 4. Dezember 1989

In den heiligen, unheiligen Hallen und Gängen rennen die Journalisten ziellos umher. Alles ist steril sauber, an der Wand hängt eine Losung von Felix Dzierżyński. Die anwesenden Stasileute verfolgen mit starren Gesichtern das Treiben, für sie muß das so eine Art Weltuntergang sein. Türen werden geöffnet, dahinter sitzen verdutzte Mitarbeiter. Einer der Eindringlinge, der sich als Westberliner zu erkennen gibt, richtet seine Videokamera auf den Parteisekretär und sagt: »Ich war einst ihr Gast.« Die Tür zum Konferenzzimmer ist belagert, Ordonnanzen gehen eilig rein und raus. Eine Szene wie aus einem Film über die Oktoberrevolution. Endlich wird auch die Presse eingelassen. Im Raum stehen die Offiziere dem Bürgerkomitee gegenüber. Manchem sieht man die Wut an, andere wieder haben Angst. Es wird über die Sicherung der Akten verhandelt, außerdem sollen die Baupläne des Gebäudes gezeigt werden, damit kein Raum unterschlagen wird. Dazu müsse der Architekt gerufen werden, und, in die Waffenkammern lassen wir keinen hinein, heißt es. Was sollte das Bürgerkomitee auch mit Waffen, ihm genügen Kerzen. An der Wand hängt Lenin und sieht dem revolutionären Treiben zu.

Im Speisesaal gewährt dann Generalleutnant Hummitzsch eine Art Pressekonferenz. Er gibt zu, daß ihre Politik in der Vergangenheit gegen die Interessen der Bürger gerichtet gewesen sei, sie hätten ihre Arbeit zu sehr in die Breite gezogen. Hinter ihm steht Rechtsanwalt Schnur. [Ich hatte mich schon damals über den eifrigen Rechtsanwalt gewundert. Später sagte dieser auf einer Wahlkundgebung in Halle, an der auch Bundeskanzler Helmut Kohl teilnahm: »Sie sehen in mir den zukünftigen Ministerpräsidenten.«]

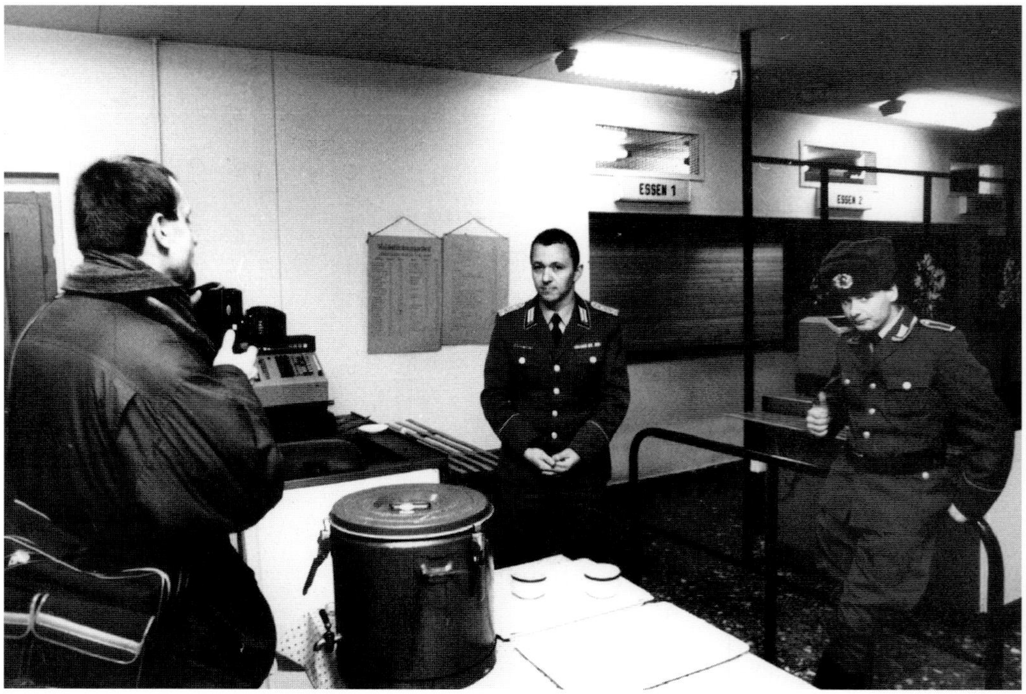

Im Gebäude der Stasi am 4. Dezember 1989

Höhepunkt der Besetzung aber sind die Worte eines Sprechers des Bürgerkomitees, gerichtet an den General: »Ab morgen gehört Ihnen das alte Gebäude nicht mehr.« Da ist der General, der immer das Pulver trocken halten wollte, doch ein wenig fassungslos. Nach all der Schmach müssen die Stasileute am Tor noch eine letzte Demütigung hinnehmen und ihre Taschen vorzeigen, es könnte ja sein, daß Akten hinausgeschmuggelt werden. Aber ich bin mir sicher, da kommt das Bürgerkomitee zu spät, die eigenen Akten sind längst weg und die der besten Freunde dazu, so daß mancher wie Phönix aus der Aktenasche aufsteigen wird.

Das Bürgerkomitee im Konferenzzimmer des Stasigebäudes am 4. Dezember 1989

Pressekonferenz im Speisesaal der Stasi, am Tisch links Generalleutnant Hummitzsch, daneben Oberst Brüning

5. Dezember. Ab heute ist vom Zeitungskopf der Leipziger Volkszeitung die Dachzeile »Proletarier aller Länder vereinigt euch!« verschwunden, und aus dem »Organ der Bezirksleitung der Sozialistischen Einheitspartei Deutschlands« ist ein »Organ für die Interessen des gesamten werktätigen Volkes« geworden.

6. Dezember. Egon Krenz tritt als Vorsitzender des Staatsrates und Nationalen Verteidigungsrates zurück.

Jetzt wird es ganz verrückt, denn es taucht das Gerücht auf, LVZ-Fotos vom Polizeieinsatz wären bei der Staatssicherheit aufgefunden worden. Das muß sofort geklärt werden. So rase ich hin zur »Runden Ecke«, wo das Bürgerkomitee in Permanenz tagt. Ich werde eingelassen und stehe dann im Konferenzzimmer auch Generalleutnant Hummitzsch gegenüber, der mich völlig verständnislos ansieht, als ich mein Anliegen vortrage. Mir geht es um die Klarstellung, daß die Fotografen der LVZ, wenigstens diejenigen, die jetzt noch für die Zeitung tätig sind, zu keiner Zeit für die Staatssicherheit gearbeitet haben und auch keine Fotos geliefert haben. Ich schildere den Vorgang von Ende Oktober, als ich mich geweigert hatte, der Staatssicherheit Fotos und Filme auszuliefern, und ich sage auch, daß sich immerhin der Chefredakteur hinter mich gestellt hatte. Wenn möglicherweise der Herausgeber in Gestalt von Pommert Fotos weitergegeben hat, so hätten wir darauf keinen Einfluß gehabt. Man ist mit meiner Erklärung zufrieden, und Bilder seien bisher nicht aufgetaucht, also eine Ente. Wer die wohl in die Welt gesetzt haben mag?

7. Dezember. Beginn der Gespräche am »Runden Tisch«. Die Durchführung freier Wahlen in der DDR wird angekündigt.

8./9. Dezember. Auf einem außerordentlichen Parteitag der SED wird die Partei vorläufig in SED-PDS umbenannt. Gregor Gysi wird Vorsitzender.

11. Dezember. Heute soll es eine Gegendemonstration geben, es werden Zusammenstöße befürchtet. Die Linken versammeln sich vor den Stufen der Oper. Es gibt lautstarke Sprechchöre, hier »Deutschland einig Vaterland«, dort »DDR«. Dem »Rote aus der Demo raus« wird entgegengesetzt: »Die Demo ist für alle da.« Die Redner sprechen vom Opernbalkon. Eine Frau, die von der DDR ausgebürgert wurde und jetzt in England lebt, wendet sich gegen die Wiedervereinigung; sofort wird sie ausgepfiffen. Superintendent Magirius fordert zur Gewaltfreiheit auf und sagt, daß am 18. Dezember die letzte Demonstration in diesem Jahr sein soll, ein Schweigemarsch.

Montagsdemonstration am 11. Dezember 1989

DER SCHEIN TRÜGT
100

MECKLENBURG
schämt sich
für EUCH!
HELDENSTAD
Wir brauchen Kein
GEMÜSEKANZ
Eine ZUKUNFT als
KOHL-Plantage?
NEIN danke!

Demonstration am 11. Dezember 1989 mit Gegnern und Befürwortern der Einheit

11. Dezember, Montagsdemonstration

15. Dezember. Ich darf mir die Redaktion und Druckerei der »Hannoverschen Allgemeinen« ansehen. Ich bin tief beeindruckt. In der Empfangshalle thront auf einem Sockel eine Linotype als museales Stück, ein mit Schriftblei zu fütterndes Monstrum, das in der LVZ noch wacker arbeitet. Nicht minder beeindruckend ist die hübsche Empfangsdame, deren blondes Haar im reizvollen Kontrast zur blauen Wand aus geschliffenem Granit steht. Die Kollegen sind überaus freundlich, ein tolles Büfett, sie empfangen uns wie nach langer Irrfahrt heimgekehrte Brüder und Schwestern. Überall geistert das Zauberwort »Joint venture« herum, mit dessen Hilfe fast alle Probleme gelöst werden könnten. Ich weiß nicht so richtig, was das ist, und sehe zur Vorsicht im Ökonomielehrbuch nach. Da heißt es: Joint venture dient zur Förderung des Leistungsaustausches zwischen marktwirtschaflich orientierten Volkswirtschaften und Entwicklungsländern.

17. Dezember. Gründungsparteitag des Demokratischen Aufbruch. Vorsitzender wird Rechtsanwalt Wolfgang Schnur.

18. Dezember. Zum Ausklang des ereignisreichen Jahres hatten die Organisatoren, vor allem die Kirche, zu einem Schweigemarsch mit Kerzen um den Ring aufgefordert. So soll dafür gedankt werden, daß es gelang, den Beginn von Veränderungen ohne Gewalt einzuleiten.

Diskussionen über die Wiedervereinigung. Ein Bürger aus der Bundesrepublik, der auf die Schattenseiten der Marktwirtschaft verweist, wird niedergeschrien.

19./20. Dezember. Bundeskanzler Kohl besucht Dresden und führt mit Ministerpräsident Modrow Gespräche.

21. Dezember. Heute kommt der französische Staatspräsident François Mitterrand nach Leipzig. Er war schon lange von Honecker eingeladen. Nach der Wende wird die DDR interessant. Auf der einen Seite große wirtschaftliche Möglichkeiten, Investitionen, Kooperation, aber sicher auch Angst vor der Wiedervereinigung, Angst vor einem neuen Großdeutschland. In der Universität gibt es ein Gespräch zwischen Mitterrand und Studenten. Anschließend, welche Überraschung, geht der Gast zu Fuß in die Nikolaikirche und wird dabei von Kurt Masur begleitet. Später trägt er sich in das Gästebuch des Gewandhauses ein.

23. Dezember. Zum Jahresende kommen einige hundert Leipziger in der Innenstadt zusammen, um mit einem Schweigemarsch auf die Lage in Rumänien aufmerksam zu machen.

31. Dezember. Hundertausende aus Ost und West feiern am Brandenburger Tor gemeinsam Silvester.

8. Januar 1990. Auch im neuen Jahr gehen die Montagsdemos ungebrochen weiter. Aber der Charakter wandelt sich immer mehr. Es sind jetzt auch Republikaner aus Bayern da, sie haben Flugblätter mitgebracht, die ihnen aus den Händen gerissen werden. Dazu ein Meer von einheitlichen Bundesfahnen und »Deutschland einig Vaterland«. Mikrophone fehlen, dafür leuchten die Scheinwerfer der Fernsehanstalten in die Dunkelheit. Dort geben sich Leute als Volksredner aus, manche stehen unter Alkohol. Einer der Redner zeigt vor der Fernsehkamera anklagend seine Brille, die überall geklebt ist, er holt sogar ein Brillenglas aus dem Gestell: Da seht her, DDR! Die Leute lachen, während das rote Kontrollicht an der Fernsehkamera blinkt. Es wird davon geredet, daß die SED-PDS nach wie vor alle Machtpositionen innehat beziehungsweise sich wieder restauriert. Nichts da, die Partei ist völlig zerschlagen. Sogar hohe Parteisekretäre sind ausgetreten, mit der Begründung, sie wären in die SED und nicht in die PDS eingetreten.

Demonstration am 8. Januar 1990

Montagsdemonstration am 15. Januar 1990

13. Januar. Die SED-PDS will ihre Zeitungsverlage in Volkseigentum überführen.

15. Januar. Montagsdemonstration. Auf Transparenten und in Streitgesprächen werden unterschiedlichste Standpunkte formuliert.

Republikaner verteilen Flugblätter, Plakate und Werbegeschenke wie Streichhölzer und Kugelschreiber, sie finden dankbare Abnehmer.

18. Januar 1990: Runder Tisch, geleitet von Superintendent Friedrich Magirius

18. Januar. Abends zum »Runden Tisch« beim Rat des Bezirkes, den Superintendent Friedrich Magirius leitet. Endlich mal ein wirklich runder Tisch und nicht so ein Karree wie beim Rat der Stadt. Verschiedene Themen stehen auf der Tagesordnung, Anträge werden gestellt, über sie wird abgestimmt. Es gibt Informationen vom amtierenden Ratsvorsitzenden über die nicht eben rosige Wirtschaftslage. Dann geht es um den Stand der Auflösung der Stasi, bis Ende Februar sollen die 2 400 Mitarbeiter entlassen werden. Wie hieß es doch so schön auf den Transparenten: »Stasi in die Volkswirtschaft«. Ob sie dort noch gefragt sind?

Roland Wötzel, der SED-PDS-Chef, macht sich Sorgen um einige Ausländer, die hier Asyl gefunden haben. Er wird gefragt, ob es nicht dafür SED-Heime gäbe. Er ist unsicher.

Im ganzen aber geht es so hin und her wie in einem »richtigen« Parlament, so daß der Superintendent immer wieder versucht, die Diskussion auf die Sachfragen zu lenken. Da ihm das nicht so recht gelingen will, verläßt er schließlich leicht verärgert vorzeitig die Sitzung.

19. Januar. Die LVZ erklärt sich ab heute für unabhängig – auch vom Geld?

22. Januar. Montagsdemonstration. Die Halogenscheinwerfer des ZDF ziehen die rechten Demonstranten an wie Straßenlaternen die Nachtfalter. Sie brüllen: »Deutschland einig Vaterland, Rote aus der Demo raus.« Ich rede mit einem der Typen, Glatzkopf, ein Riese, keinen Beruf, 8. Klasse, Jugendwerkhof. Möglich, daß er hier das erste Mal anerkannt wird.

Noch eine Merkwürdigkeit fällt mir in diesen Tagen auf: Die Bekanntschaft mit der Westpresse. Man traf sich immer mal, zur Messe oder bei einem internationalen Fußballspiel. Da benahmen sich die Kollegen so, als solle ein Spitzel der Stasi auf sie angesetzt werden, waren einsilbig und steif. Jetzt auf einmal kommen die Journalisten auf mich zu, Geld spiele keine Rolle, sie wollen angstverzerrte Gesichter von der historischen Demonstration sehen; habe ich nicht, weil es so etwas nicht gab. Sie wollen Rechtsextreme sehen, möglichst gewalttätig. Ich zeige ihnen meine Fotos, sie sind ihnen zu zahm.

Rechtsgerichtete Demonstranten auf der Montagsdemonstration am 22. Januar 1990

Montagsdemonstration am 29. Januar 1990

29. Januar. Die Volkskammer will die Vorverlegung der Wahlen auf den 18. März beschließen. In der heutigen Montagsdemo erschien dieser Termin bereits auf den Transparenten. Der ursprüngliche Wahltermin vom 6. Mai soll nun für die Kommunalwahlen genutzt werden.

5. Februar. Montagsdemonstration. Zunehmend tauchen Rechtsgerichtete auf, die Propagandamaterial von den Republikanern erhalten haben.

Übrigens, ab heute trägt die SED-PDS nur noch den Namen PDS, der für Partei des Demokratischen Sozialismus steht.

Es geht jetzt vor allem um Wahlkampf. Die Dialogsäule auf dem Karl-Marx-Platz ist voll davon. Aber auch Honecker erfreut sich seit seinem Kirchenasyl wieder besonderer Aufmerksamkeit.

Montagsdemonstration am 5. Februar 1990

7. Februar. Schulstreik in Leipzig-Grünau. Die Lehrer haben Angst um ihren Arbeitsplatz, die Schüler nutzen die unterrichtsfreie Zeit für eine zünftige Disko.

10. Februar. Bundeskanzler Kohl und Außenminister Genscher erhalten in Moskau von Gorbatschow die Zusicherung, daß die Deutschen das Recht haben, in einem Staat zu leben.

12. Februar. Montagsdemonstration – der Eifer erlahmt allmählich. Es sind nur noch 50 000 Demonstranten gekommen. Die Kundgebung steht im Zeichen des Wahlkampfes. Die Republikaner haben ihre besonderen Forderungen.

Montagsdemonstration am 12. Februar 1990

Flugblätter von Andersdenkenden werden auf dem Karl-Marx-Platz verbrannt. Wahlkampfparolen ertönen, das Deutschlandlied wird mit dem neuen Kofferradio abgespielt. Gemeinsame Wahlprogramme von DA, DSU und CDU werden verteilt.

13. Februar. Interview bei Wolfgang Schnur, Vorsitzender des Demokratischen Aufbruch, ich soll fotografieren. In seiner Berliner Kanzlei geben sich die Fernsehteams die Klinke in die Hand. Er will, sagt er, falls er Premier wird, sofort die Wiedervereinigung, sofort die Währungsunion und Beseitigung von Volkseigentum. Er verspricht den Sparern zunächst einen Umtausch von 15 000 Mark eins zu eins.

14. Februar. Redaktionssitzung. Das Kollegium der LVZ wird umgebildet, einige Kollegen verlieren ihren Posten. Ich soll Ressortleiter Bild werden, ein zweifelhaftes Geburtstagsgeschenk, weil da eine unsichtbare Front ist, die etwas dagegen hat, aber die Fotografen wollen es, und so nehme ich an.

19. Februar. Montagsdemonstration. Die Luft ist raus, die Weichen gestellt. Es sind noch vielleicht 20 000 Demonstranten. Die Veranstaltung steht im Zeichen des Wahlkampfes. Trotzdem hat der Witz das Volk noch nicht verlassen.

Erstmalig fahren während der Demo wieder die Straßenbahnen auf dem Ring.

Montagsdemonstration am 19. Februar 1990

Montagsdemonstration am 19. Februar 1990

Westzeitungen, bisher in der DDR verboten, werden den Händlern aus den Händen gerissen.

Ein paar Unentwegte treten immer noch für die DDR ein.

Es beginnt der Karneval, und mit neuem Witz wird die verflossene Partei- und Staatsmacht verspottet.

Der öde DDR-Zeitungsmarkt ist durchbrochen. Am Kiosk in der Petersstraße drängen sich die Leute nach den neuesten Ausgaben.

26. Februar. Montagsdemonstration, wenig Demonstranten. Von einem Lastwagen herunter, der ein Münchener Kennzeichen hat, werden wieder massenhaft Bundesflaggen und Transparente ausgegeben, welche die Demonstranten gierig an sich reißen. Es ist so, als würde man Glasperlen an Eingeborene verteilen. Die Transparente sind alle einheitlich und maschinengedruckt: »Nicht SED nicht SPD – Freiheit statt Sozialismus«. Ein übler Wahlkampf seit Wochen. Die LDPD wird kaum beachtet, die DSU verteilt fleißig Zettel, SPD und Grüne werden ausgepfiffen.

Montagsdemonstration am 26. Februar 1990

Vor dem Zeitungskiosk in der Petersstraße

2. März. Wahlversammlung der PDS in der Karl-Marx-Universität mit Gregor Gysi.

3. März. Dementi über die Einführung der DM ab 1. Juli. Scharfe Zurückweisung von Bundesbank-Vizepräsident Schlesinger, daß die Bundesbank bereits ein Konzept für eine Währungsunion habe.

5. März. Wahlkampf auch während der Montagsdemonstration. Aus Bayern ist eine Ladung Bundesflaggen eingetroffen, die dankbare Abnehmer finden.

8. März. Ambulante Händler verkaufen zu exotischen Umtauschkursen. Sie beherrschen zunehmend das Stadtbild. Ungeniert schlagen sie an beliebigen Stellen ihre Stände auf, und wenn es vor den Grabplatten aus der ehemaligen Universitätskirche ist. Vielleicht hat zum heutigen Frauentag dieser oder jener tiefer ins Portemonnaie gegriffen.

12. März. Die letzte Montagsdemonstration. Es sind noch einmal 70 000 Teilnehmer gekommen. Das Neue Forum beklagt, daß Demokratie, Dialog, Toleranz und politische Kultur im Wahlkampf verlorengegangen seien. Die Dialogsäule am Karl-Marx-Platz steht ganz im Zeichen des Wahlkampfes.

14. März. Heute gibt es ein besonderes Bonbon: Bundeskanzler Helmut Kohl kommt nach Leipzig und spricht 17 Uhr auf dem Karl-Marx-Platz. Ärgerlich für ihn, daß seit gestern bekannt ist, daß sein Schützling Wolfgang Schnur, der als Redner auf dem Wahlplakat angekündigt ist, ein besonders fleißiger Informant der Stasi war.

Neben mir steht der Chefredakteur einer Provinzzeitung, 70 000 Auflage; superrechts der Mann. Er sagt, SED, SPD wäre alles das gleiche, alles Verbrecher, und der Gefährlichste sei der Gysi, weil so intelligent, na ja, Jude. Eine holländische Journalistin protestiert; er sagt später, als sie weg ist, die Holländer wären alle so, hätten ewig etwas gegen die Deutschen.

Wahrscheinlich hat der Bundeskanzler noch nie ein so großes Publikum gehabt, der Karl-Marx-Platz ist übervoll, von 300 000 ist die Rede. Er ist bewegt und sagt: »Das Ziel, die Einheit Deutschlands zu vollenden, ist nun zum Greifen nahe.« Die Menschen klatschen euphorisch Beifall. Neben ihm steht seine Frau Hannelore, die vielleicht an ihre Leipziger Schulzeit denkt. Wieder werden gedruckte Transparente verteilt; man könnte fast glauben, das Volk hat seinen Witz und seine eigene Meinung bereits wieder verloren. Aber nein, ich entdecke ein geradezu rührendes Transparent, echt handgemalt: »Helmut nimm uns an die Hand, zeig uns den Weg ins Wirtschaftswunderland.« Vor der Rednertribüne am Eingang zur Oper steht ein Mann und ruft, indem er Daumen und Zeigefinger reibt: »Westgeld brauchen wir, alles andere ist egal.«

Nach den Reden wird die Nationalhymne der BRD gespielt. Warum eigentlich? Zu unserer ersten freien Wahl hätte doch unsere Nationalhymne mit dem verbotenen Text: »... laß uns dir zum Guten dienen Deutschland einig Vaterland« besser gepaßt, zumal dies das Motto der Montagsdemonstrationen ist.

Am Abend wird der Bundeskanzler von Opernintendant Zimmermann zur Gründung einer Kulturstiftung eingeladen. Er nimmt mit Behagen an und sagt in seinen Dankesworten, in Zukunft müsse beim Theater auch das Geld stimmen.

Wahlkundgebung am 14. März 1990 mit Helmut Kohl

18. März. Sonntag, erste freie Wahl. Ein häßlicher Wahlkampf ist zu Ende. Die Wahlkommission spricht von Ausschreitungen und einem unfairen Wahlkampf. Vor allem die SPD mußte wüste Beschimpfungen ertragen, sie wurde der SED gleichgestellt, Rote Schweine wurde öffentlich gesagt. Die West-CDU unterstützt vor allem die DSU mit dem Thomaskirchenpfarrer Ebeling an der Spitze, obwohl sich dieser in der Vorwendezeit sehr zurückgehalten hatte.

In den Wahllokalen stehen die Wähler, die es bisher mit dem offenen Einwurf eines Zettels so leicht hatten, und studieren die meterlangen Papierschlangen. Abends gehe ich zur Wahlparty der SPD in den Felsenkeller, weil ich davon ausgehe, daß die SPD am wenigsten »ostbelastet« ist und gewinnen wird. Gespannt werden die einlaufenden Fernsehmeldungen verfolgt. Ungläubiges Erstaunen, fassungslose Gesichter, aber auch Gelächter, als sich ein haushoher Wahlsieg der CDU abzeichnet. Nun sind die Weichen endgültig gestellt, Wiedervereinigung nach Artikel 23 des Grundgesetzes. Das bedeutet, wir schließen uns einfach an, bringen nichts Eigenes ein.

Der eigentliche Verlierer der Wahl aber ist das Neue Forum. Die Männer und Frauen dieser Erneuerungsbewegung haben die Kastanien aus dem Feuer geholt. Seit die Gefahr vorüber ist, wimmelt es plötzlich von »Widerstandskämpfern«, die nun auf den fahrenden Zug aufspringen. Was wird aus den Forderungen des Neuen Forum in seinem Aufruf »Aufbruch 89« werden?: »Wir wollen Spielraum für wirtschaftliche Initiative, aber keine Entartung in eine Ellenbogengesellschaft. Wir wollen Bewährtes erhalten und doch Platz für Erneuerungen schaffen. Wir wollen ein wirksames Gesundheitswesen für jeden ...«

Wahlen zur Volkskammer am 18. März 1990

25. März. Die »Welt am Sonntag« beruft sich auf Kohl und Waigel: Währungsunion ab 1. Juli beschlossen. Nunmehr wird alles schnell gehen, auch mit der Einheit.

In diesen Tagen geschieht Merkwürdiges. Teppichhändler schlagen mitten in der Stadt auf den Fußwegen ihre prachtvollen Stücke auf, das Volk staunt und staunt noch mehr über das Plakat, auf dem es heißt: »Heute kaufen, nach der Währungsunion bezahlen«. Andere wieder bieten ihre Waren wie Joghurt, Kiwis, Bananen, Sonnenbrillen, Kosmetik und Porzellanfiguren zum Kurs von fünf zu eins bis drei zu eins an.

An Zeitungsständen liegen bunte Illustrierte aus, die Leute schielen verstohlen auf die abnorme, gewaltige Busenschau, so etwas gab es im Osten nicht. Was mußten sie entbehren.

2. April. Ab heute kostet die LVZ 40 Pfennig, bisher waren es ´ 5.

5. April. Die Gewerkschaften haben auf dem Karl-Marx-Platz zu einer Kundgebung gegen drohenden Sozialabbau aufgerufen. Der Hauptprotest richtet sich gegen den geplanten Umtausch v 2:1 bei der bevorstehenden Währungsunion.

Kundgebung der Gewerkschaften am 5. April 1990

Ihr wolltet den totalen KOHL
jetzt habt Ihr den SALAT

Helmut, rück die Kohle raus! 1:1
Wir sind nicht nur die Hälfte wert! 1:1

12. April. Nach langen Geburtswehen ist nun endlich die neue Regierung [unter Lothar de Maizière] gebildet worden, eine große Koalition von CDU und SPD unter Einbeziehung der DSU und der Liberalen. Verteidigungsminister wird der Pfarrer Eppelmann, ein Pazifist wird nun die Generäle der NVA und die der sowjetischen Truppen bekehren. Da wird er sich an das Wodkatrinken gewöhnen und wasserglasweise »auf sibirische Gesundheit« anstoßen müssen.

Das ist noch ganz amüsant, weniger aber das: Wenn die Deutschen etwas nachmachen, dann so gründlich, daß sie darin ihre Lehrmeister übertreffen wollen; und das um so mehr, wenn Deutsche Deutschen etwas nachmachen. Was haben unsere Betriebsdirektoren im Parteilehrjahr und auf Versammlungen auf die häßlichen Unternehmer in der BRD geschimpft, weil diese ihre Arbeiter einfach auf die Straße werfen würden. Jetzt machen viele das gleiche, ja, sie sind viel schlimmer, denn sie brechen noch gültige Gesetze, stellen Frauen nach dem Babyjahr nicht wieder ein und genehmigen sich selbst höhere Gehälter. Einige haben sich schon als Unternehmer eintragen lassen und Familienangehörige gleich mit.

Illegale Geldwechsler und Riesenbanane im April 1990

Letzte Sitzung des Runden Tisches der Stadt Leipzig am 2. Mai 1990

14. April. Es kommt die Meldung, daß Kurt Masur zum neuen Chefdirigenten der New Yorker Philharmoniker ernannt worden ist. Er will aber in Leipzig bleiben, solange das nötig sein wird. Interessant in diesem Zusammenhang ist wohl, daß sowohl die Washington Post als auch die New York Times sein Engagement zur Wendezeit würdigen. Sie hielten es sogar für möglich, daß er hätte Staatsoberhaupt werden können.

24. April. Gesprächsthema Nummer Eins der letzten Wochen ist der Umtauschkurs zur Währungsunion. Die Leute reagieren völlig verunsichert und haben Angst um ihr Erspartes. Täglich tauchen neue Gerüchte über Umtauschhöhen und Kurse auf. Die Sparkassen können die Kontenbewegungen kaum noch bewältigen, weil das Geld innerhalb der Verwandtschaft umgebucht wird. Heute nun, rechtzeitig vor der Kommunalwahl, kommt die offizielle Verlautbarung: Pro Person 4000 Mark 1:1, alles weitere 2:1.

1. Mai. Kundgebung auf dem Dimitroffplatz. Welch ein Unterschied! Waren es im Vorjahr noch über 200 000 Pflichtteilnehmer, sind es heute nur noch 3 000 und das am 100. Jahrestag des internationalen Feiertages!

2. Mai. Nachdem die Rentner ihr Erspartes auf die Konten der Enkelkinder verteilt haben, kommt nun eine Änderung: Die Rentner erhalten 6000, die Kinder 2000 Mark 1:1 umgetauscht, also wieder umbuchen.

Kommunalwahlen am 6. Mai 1990

5. Mai. Erstes »Zwei-plus-Vier«-Treffen auf Außenministerebene in Bonn.

6. Mai. Kommunalwahl. Kein aufwendiger Wahlkampf, die CDU liegt wieder weit vorn. In Leipzig gewinnt die SPD mit ihrem Spitzenkandidaten Dr. Lehmann-Grube aus Hannover; er wird unser neuer Oberbürgermeister werden.

Es sind die ersten freien Kommunalwahlen in der DDR. Ganz überrascht studieren die Wähler die ungewohnt langen Listen der Parteien und Kandidaten.

Sowjetische Armeeangehörige in der Innenstadt am 6. Mai 1990

9. Mai. Kranzniederlegungen zum Tag des Sieges am sowjetischen Ehrenmal auf dem Leipziger Ostfriedhof. Das Zeremoniell ist diesmal bescheiden. Im Gefolge der Perestroika dürfen auch Geistliche der russisch-orthodoxen Kirche Kränze niederlegen. Hohe sowjetische Offiziere halten die Ehrenwache. Was mögen ihre Gedanken an diesem Tag des Sieges sein? Bald werden sie in die Heimat zurückkehren müssen, in eine ungewisse Zukunft.

12. Mai. Finanzminister Walter Romberg beziffert die DDR-Auslandsschulden auf 27,2 Milliarden Mark und korrigiert damit die Zahlen von Staatssekretär Krause, der am Vortag von 125 Milliarden gesprochen hatte!

Rolf Opitz [ehemaliger Vorsitzender des Rates des Bezirkes] wird wegen Untreue zum Nachteil sozialistischen Eigentums und Vertrauensmißbrauch zu einer Freiheitsstrafe von einem Jahr verurteilt, die er aber nicht absitzen muß.

Am Sowjetischen Ehrenmal auf dem Ostfriedhof am 9. Mai 1990

24. Mai. Himmelfahrt ist wieder Feiertag.

28. Mai. Erneute Montagsdemonstration. Die Teilnehmer fordern ein konsequenteres Aufarbeiten der Stasivergangenheit.

Montagsdemonstration am 28. Mai 1990

30. Mai. Vor den Sparkassen bilden sich lange Schlangen zur Eröffnung eines eigenen Kontos, auch für Säuglinge, die mit ihrem Impfausweis legitimiert werden müssen, die Währungsunion will es so.

Vor einer Filiale der Stadt- und Kreissparkasse am 29. Mai 1990

In der Hainstraße im Mai 1990

Leipzig, Anfang Juni 1990: Grimmaische Straße, Karl-Liebknecht-Straße, Am Brühl, Petersstraße

Anfang Juni in der Petersstraße und in der Grimmaischen Straße

Die Marktwirtschaft hält Einzug und schickt ihre ambulanten Händler voraus, die ganze Stadt ist voll davon. Jetzt kaufen, dann sparen Sie die Mehrwertsteuer!, ist ein neuer Werbeslogan. Endlich gibt es Bananen! Zeitungsverkäufer und Abonnentenwerber haben Hochkonjunktur. Und wenn auch manches Schaufenster völlig leer ist, die neue Zigarettenreklame wurde bereits angebracht. In das geschäftige Treiben mischen sich auch Händler aus osteuropäischen Ländern.

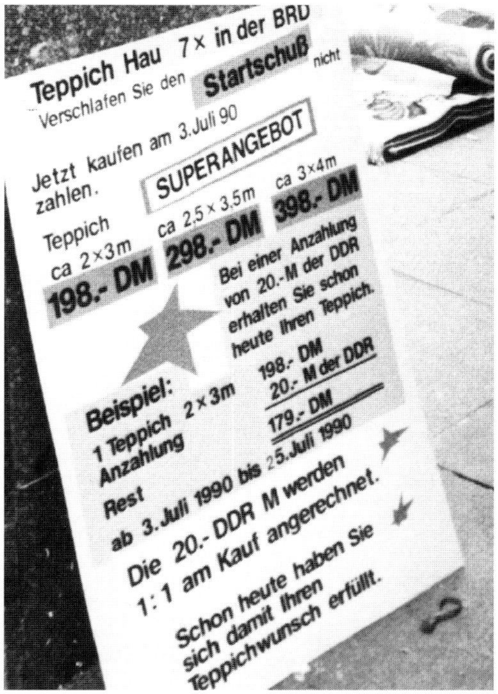
Teppich Hau 7× in der BRD
Verschlafen Sie den Startschuß nicht
Jetzt kaufen am 3.Juli 90
zahlen.
SUPERANGEBOT
Teppich
ca 2×3m
198.- DM
ca 2,5 × 3,5m
298.- DM
ca 3×4m
398.- DM
Bei einer Anzahlung von 20.-M der DDR erhalten Sie schon heute Ihren Teppich.
Beispiel:
1 Teppich 2×3m 198.- DM
Anzahlung 20.- M der DDR
Rest 179.- DM
ab 3. Juli 1990 bis 25. Juli 1990
Die 20.- DDR M werden 1: 1 am Kauf angerechnet.
Schon heute haben Sie sich damit Ihren Teppichwunsch erfüllt.

Biblio-
Institut

In der Georg-Schumann-Straße im Mai 1990

5. Juni. Heute ist der erste Tag zur Ausgabe von Umstellungsanträgen für den Währungsumtausch. Irrer Andrang in den Geldinstituten.

13. Juni. Mitteilung in der Regierungspressekonferenz: Allein im Fernmeldebereich sind für die Bedarfsdeckung, die 1997 abgeschlossen sein soll, 55 Milliarden DM vorgesehen; es werden 7 Millionen Anschlüsse neu geschaffen. Toll, da wird unsere nunmehr 14jährige Wartezeit sicher bald zu Ende sein.

15. Juni. Ab 1. Juli gibt es neue Postgebühren. Ein Brief kostet dann anstatt 20 Pfennig 50, die Postkarte klettert von 10 auf 30 Pfennig.

20. Juni. 25 Milliarden DM kommen in diesen Tagen als „Erstausstattung" in die Banken und Zweigstellen der Sparkassen. Das ist der größte Geldtransfer, den es jemals gegeben hat.

23. Juni. Seit einigen Tagen ist im Handel der Teufel los. Preissenkungen bis zu 75 Prozent lassen die Leute wie besessen kaufen. Manche Waren sind nun billiger als Vergleichbares aus dem Westen.

Auf dem Trödelmarkt werden neben dem Müll der Geschichte auch Armaturen angeboten. Honecker-Witze, vor einem Jahr nur im Bekanntenkreis erzählt, gibt es nun gedruckt. Das Interesse hält sich in Grenzen – man will über die Vergangenheit nicht einmal mehr lachen.

Auf dem Trödelmarkt im Juni 1990

An der Tankstelle Ost am 28. Juni 1990

24. Juni. Allein am Wochenende werden auf der 1. Leipziger Auto-Vision 160 000 Besucher gezählt. Natürlich wird der Trabant verteufelt, schlechte Bremsen, wenig griffige Reifen und dann die Plaste. Mag sein. Aber ich bin mit meinem Trabant bisher 160 000 Kilometer unfallfrei gefahren. Doch jetzt schlägt vor allem die Stunde der Gebrauchtwagenhändler, bei denen eine Art Goldgräberstimmung aufgekommen sein muß. Eine ungeheure Blechlawine rollt auf den Osten zu, viel Glanz, wie es darunter aussieht, weiß nur der Verkäufer. Es geht zu wie beim Pferdehandel. Bezahlt wird auf Pump. Die Kreditraten werden so gewählt, daß noch ein Haushaltseinkommen von 1200 DM übrigbleibt. Im Landkreis Leipzig gibt es aber jetzt schon mehr Arbeitslose als freie Stellen.

25. Juni. Vor den Sparkassen bilden sich lange Schlangen zur Abgabe der Anträge für die Währungsumstellung und für die Eröffnung eines eigenen Kontos.

26. Juni. Schlangen an den Tankstellen. Alle verfügbaren Behälter werden noch einmal vollgetankt. Täglich wird die dreifache Menge Benzin verkauft.

Vor der Filiale der Stadt- und Kreissparkasse Karl-Liebknecht-Straße am 25. Juni 1990

27. Juni. Wenige Tage noch bis zur Währungsunion. Die Stadt ist hochgeputscht. Jeder versucht noch sein Ostgeld irgendwie gewinnbringend auszugeben. Stapelweise werden Benzinkanister angeboten und gekauft, Treibstoff wird gehamstert. Die Kaufhallen sind wie leergefegt, und es wird nichts mehr aufgefüllt, Dosenbier steht schon in den Lagerräumen. Vor der Staatsbank tauschen Geldhändler ungeniert Ost gegen West. Die Polizei greift ein und »belehrt« die Händler. In die Apotheken kommen die Leute mit Bündeln von Rezepten.

Der ehemalige Oberbürgermeister von Leipzig, Dr. Bernd Seidel, wird wegen Wahlfälschung zu acht Monaten verurteilt. Immer hat er nach der Pfeife der Partei tanzen müssen, die mit ihm nach Belieben umsprang. So erfuhr er zum Beispiel von der durch Honecker verkündeten Olympiabewerbung seiner Stadt erst durch die Medien. Trotzdem konnte die Richterin keine Strafmilderung erkennen.

Leipzig hat seit einiger Zeit eine Neuheit, ein Arbeitsamt. Wer dort nicht hin muß, geht nicht hin; trotzdem zwinge ich mich dazu, um wenigstens einige Fotos aufzunehmen. Das Haus ist ausgerechnet im Gebäude der Stasi untergebracht, das Haus der Tränen bleibt ein Haus der Tränen. Die Gänge, die am 4. Dezember so leer waren, sind übervoll. Ich bin erschrocken und habe Hemmungen zu fotografieren. Vorsichtig frage ich die Leute, ob ich darf. Die meisten haben nichts dagegen, einige halten sich die Zeitung vors Gesicht, sie schämen sich. Nur einer beschimpft mich als Kommunistenschwein.

Bettelnde Sinti und Roma tauchen aus dem krisen- und gewaltgeschüttelten Rumänien auf. »Piff-paff« ist ihr Kommentar zu den blutigen Ereignissen in ihrem Land. Natürlich haben sie Angst vor der Kamera.

Im Arbeitsamt im Juni 1990

28. Juni. Wenige Tage vor der Währungsunion übernimmt die Deutsche Bank das Gebäude der Staatsbank der DDR am Martin-Luther-Ring. Nachdem provisorisch ein neues Namensschild über dem Eingangsportal befestigt worden war, ließ man die alte Bezeichnung darunter entfernen. Zur allgemeinen Überraschung kam eine geschliffene Granitplatte zum Vorschein mit dem alten Namen »Deutsche Bank«. Die Goldschrift hatte die vierzig Jahre gut überstanden.

Eingangsportal der Staatsbank der DDR am 28. Juni 1990

Drei Tage vor der Währungsunion sind die Regale leer. Es wurde gehamstert. Außerdem will das Personal die Regale nicht mehr füllen, weil am Wochenende ohnehin alles ausgeräumt und mit neuen, vor allem westlichen Waren gefüllt werden soll.

HO-Kaufhalle in der Straße des 18. Oktober am 28. Juni 1990

Das Warenangebot war nie sehr vielfältig. Nach der Währungsunion wird sich das schlagartig ändern. Eines aber war immer in Hülle und Fülle da – Schnaps und andere alkoholische Getränke, mit denen in den Kaufhallen manche Lücke in den Regalen geschlossen wurde. Jetzt kommt noch das Büchsenbier hinzu. Während sich so die Lager füllen, warten die Verkäuferinnen vor noch leeren Ständern auf die neue Ware.

30. Juni. Fünf DDR-Radprofis nehmen an der heute beginnenden Tour de France teil. Olaf Ludwig, Uwe Ampler, Uwe Raab, Jan Schur und Mario Kummer; wer hätte das im Leipziger Herbst gedacht?

Die letzten Stunden vor der Währungsunion. Zwischen der Mädler- und der Königspassage haben sich die Bardamen auf die Straße gewagt und schenken die Restbestände an Wein und Sekt aus. Vor dem Alten Rathaus läßt sich ein Brautpaar fotografieren, es hat noch mit Ostmark den Weg in eine gemeinsame Zukunft geschafft.

Am Markt und an der Tankstelle Ost am 30. Juni 1990

Um Mitternacht bin ich an der Tankstelle Ost, eine riesige Schlange, dort werden die Autos noch einmal vollgetankt und eine Batterie Kanister dazu. Der Tankwart sagt, in den letzten Tagen sei kaum noch ein Trabi unter 100 Mark rausgefahren. Um Mitternacht werden die Säulen auf DM umgestellt. Der Liter Normal kostet nun anstatt 1,50 Mark 1,12 DM.

1. Juli. Nun ist es da, das Westgeld! Ade ihr Intershops, was vorher wenigen vergönnt war, haben jetzt alle. 16 Millionen DM-Konten, wenn das nichts ist! Bereits in den frühen Morgenstunden bildeten sich vor den Auszahlungsstellen lange Schlangen, als ob die DM alle werden könnte. Danach gibt es die ersten Versuche, die DM wieder loszuwerden, aber fast alle Läden und viele Gaststätten haben geschlossen. Morgen wird der Ansturm auf die Geschäfte und vor allem der Preisvergleich beginnen. Ab heute gilt nun auch die 14 Prozent Mehrwertsteuer. Auf einer Pressekonferenz sagt Bundesfinanzminister Theo Waigel, er sehe in der DDR das zukünftige Wirtschaftswunderland, viele Arbeitsplätze würden zwar verlorengehen, aber dafür hunderttausende neu geschaffen.

Vor dem Postamt am Bayrischen Platz und vor einer Sparkasse in der Leninstraße am 1. Juli 1990

2. Juli. Der Ansturm auf die Geschäfte hat begonnen. Im Centrum-Warenhaus gibt es in der Schmuckabteilung echtes Gold – und so billig. Bisher mußte man Altgold abgeben oder 200 Mark für das Gramm Feingold bezahlen.

3. Juli. Die Banken folgen der DM. Zuerst kommen die Geldschränke für die provisorische Filiale der Commerzbank am Leuschnerplatz.

Kaufhalle Lößnig am 5. Juli 1990

6. Juli. Die Landwirtschaft hat Absatzprobleme. In der Milchviehanlage Liemehna flossen gestern einige tausend Liter Milch in den Gully, weil die Molkerei nichts mehr abnahm. In einigen metallverarbeitenden Betrieben kam es zu kurzen Warnstreiks.

7. Juli. In einem LVZ-Exklusivinterview sagt die Bundestagspräsidentin Frau Rita Süssmuth: Nicht die Idee der sozialen Gerechtigkeit sei falsch, nicht der Kampf gegen die Ausbeutung des Menschen, sondern der Wahrheitsanspruch einer Partei die Entmündigung und Bevormundung des Menschen. Dem ist wohl nichts hinzuzufügen. Sie sagt auch noch, daß sie nicht möchte, daß die Menschen in der DDR irgend etwas aufgeben, was bisher für sie selbstverständlich war. Ihre Eigenheiten sollten kräftig auf den Westen abfärben.

10. Juli. Nach dem Kraftakt der Währungsunion zieht etwas Ruhe ein. Urlaub, für viele der erste in Richtung Westen, wo die Trabis oft zum Verkehrshindernis werden.

17. Juli. Witz des Tages: Warum haben wir ein Ministerium für Handel und Tourismus? Antwort: Weil man weit reisen muß, um etwas billig zu bekommen. Gemeint sind damit Versorgungslücken, überteuerte Westwaren, fehlende oder viel zu teuer angebotene Ostprodukte, die sich zudem in den Lagerhäusern stapeln, weil sie vom Handel ignoriert werden.

22. Juli. Die Volkskammer beschließt die Wiedereinführung der ehemaligen fünf Länder auf dem Gebiet der DDR.

Arbeitsministerin Regine Hildebrandt rechnet für die Zukunft mit 1,5 Millionen Arbeitslosen in den fünf ostdeutschen Bundesländern.
Das sehen Bonner Spitzenpolitiker ganz anders, sie glauben, daß die freiwerdenden Arbeitskräfte der Industrie vom Mittelstand und vom Dienstleistungsgewerbe aufgefangen werden.

24. Juli. Die DDR-Regierungskoalition ist geschwächt, weil die Liberalen ausgetreten sind; die SPD überlegt noch. Bundesminister Schäuble meint, wenn Ostberlin nicht mehr über eine handlungsfähige Regierung verfüge, müsse der Beitritt der DDR ohne Einigungsvertrag erfolgen. Später als am 2. Dezember könne dies nicht vollzogen werden, der Termin werde allenfalls vorgezogen.

25. Juli. Der Termin der Wiedervereinigung ist noch in der Schwebe. Es gibt Unsicherheiten darüber, was danach alles »untergebuttert« wird. Was wird zum Beispiel aus der Deutschen Bücherei, die 1912 vom Börsenverein gegründet wurde? Wird sie zur Filiale der 1947 gegründeten Deutschen Bibliothek in Frankfurt am Main? Darüber steht etwas im 2. Staatsvertrag, den aber noch nicht einmal der Leipziger Generaldirektor der Deutschen Bücherei, Prof. Dr. Rötzsch, kennt. Soviel ist sicher, es wird nur einen Generaldirektor geben, und der sitzt dann natürlich nicht in Leipzig.

27. Juli. Die Krise in der Regierungskoalition ist beigelegt.

10. August. Die Parteien liefern sich unentwegt einen harten Schlagabtausch, der sich um den Beitritt sowie um die gesamtdeutschen Wahlen entzündet hat.

19. August. In den Abendstunden verkündet SPD-Chef Thierse der Presse, daß die SPD die Koalition verlassen habe.

23. August. Eine Kulturschande! Vor der Internationalen Buchhandlung in der Petersstraße stehen Container, angefüllt mit Büchern, die auf den Müll sollen, weil es Literatur aus DDR-Verlagen und osteuropäischen Ländern ist. Eine neue Bücherverbrennung, ohne daß es hier Asche gibt? Die Leute dürfen wühlen, und da findet mancher noch seinen Goethe oder auch Kinderbücher, sogar frei von Gewalt und Ideologie. Der Rest landet dann auf der Deponie, noch nicht einmal als Altpapier zu gebrauchen.

Vor der Internationalen Buchhandlung am 23. August 1990

24. August. Nach dem Zickzackkurs der letzten Wochen, nach dem vorübergehenden Austritt der SPD aus der Koalition und der Nennung verschiedener Beitrittstermine beschloß die Volkskammer in der vergangenen Nacht den Beitritt der DDR zur Bundesrepublik zum 3. Oktober.

27. August. In Espenhain wurde der letzte Schwelofen Deutschlands abgeschaltet. Die »Mark für Espenhain«, eine Spendenaktion der Kirche für die Sanierung der Dreckschleudern, hat sich damit erledigt.

31. August. Unterzeichnung des Einigungsvertrages im Berliner Reichstag. Das Volk kennt den Inhalt nur in wenigen Bruchstücken.

12. September. In Moskau wird der »Zwei-plus-Vier«-Vertrag »über die abschließende Regelung in bezug auf Deutschland« unterzeichnet.

15. September. Ich fotografiere die letzten Stunden des Bleisatzes in der Leipziger Volkszeitung.

17. September. Ab heute erscheint die LVZ im neuen größeren nordischen Format. Lichtsatz und ein Computer-Texterfassungssystem haben Einzug gehalten. Die Kenntnisse dafür erwarben sich die Mitarbeiter nach Feierabend. Die neue Druckmaschine ist aber eine alte, abgebaut in Flensburg, wo nun die Zeitung im Offsetdruck erscheint, während wir immer noch Hochdruck wegen seiner schlechten Bildwiedergabe haben.

Streik am 29. August 1990

21. September. Wieder eine Demonstration, diesmal gegen den Umgang mit den Stasiakten. Es wird befürchtet, daß die Akten ganz vom Verfassungsschutz vereinnahmt werden. In Leipzig befinden sich aus Protest dagegen 16 Jugendliche im Hungerstreik.

Seit heute gibt es in der Nikolaikirche eine Ausstellung, die an den Leipziger Herbst 1989 erinnert.

Die Volkskammer und gleichzeitig der Bundestag stimmen dem Einigungsvertrag zu. Es gab Kritik von den Parlamentariern, weil nicht alle Wünsche der Volkskammer erfüllt wurden. Konrad Weiß sagte, bei der Frage der Entschädigung für die Opfer des alten Regimes habe der Krämergeist über die Gerechtigkeit gesiegt. Wegen Asbestalarm mußte die Tagung vom Palast der Republik in das Haus der Parlamentarier verlegt werden. Dort soll die Asbestbelastung allerdings fünfmal so hoch sein.

21. September 1990: Gespräch zwischen Superintendent Friedrich Magirius und Demonstranten

2. bis 3. Oktober. Es sind die letzten Stunden der DDR und die ersten des wiedervereinigten Deutschland. Ich erlebe sie mit Familie, die mir in der ganzen Zeit so manche Arbeit abgenommen hat. Ich habe die gewaltsame Teilung Deutschlands immer als ein Unrecht empfunden. Nur, ob es jetzt ein wirklich neues Deutschland wird oder nur eine größere BRD mit einem an Sizilien erinnernden Teil?

Auf dem Marktplatz wird gefeiert, eine Fast-Food-Bude füttert Menschen ab. Junge Leute fahren mit einem Jeep durch die Mädlerpassage, sie sind betrunken. Überall fließt der Alkohol, leere Bierbüchsen scheppern über die Straße.

Um Mitternacht bricht Jubel aus, die Leute umarmen sich. Der Karl-Marx-Platz, Schauplatz so vieler Montagsdemonstrationen, ist fast leer. Die Neonreklame »Neues Deutschland« leuchtet noch. An einem neu aufgestellten Straßenbahn-Warteplatz hängt eine große Leuchtwerbung: »Alles Gute Deutschland«.

Wir können es gebrauchen!

Auf dem Markt in der Nacht vom 2. zum 3. Oktober 1990

FAST • FOOD

Alles Gute
Deutschland
JCDecaux
DEUTSCHLAND

5 Schillerstraße 5